U0007924

給40歲的嶄新開始

40歳のためのこれから術

幸せな人生をていねいに歩むために

松浦彌太郎

阿夜｜譯

寫在前面

「接下來的人生，該怎麼過才好呢？」

「該把什麼視為人生終點？又該把幾歲定為人生巔峰？」

我將自己所抱持的疑問，透過本書與大家一同思考。

首先，我把自己整理得出的答案介紹給大家，那就是「人生的巔峰在七十歲」；同時，我希望傳達給各位一個重要訊息──「你的人生現在才開始」。

四十歲一般給人的印象是一個人生的轉捩點，也是走下坡路的開始；但是，這麼想未免也太過寂寥。倘若換個角度思考，告訴自己：「七十歲才是人生巔峰」，把四十出頭視為新的起點，那麼不就有可能全力衝刺，迎向光輝燦爛的七十歲了嗎？

詳細內容將在接下來為各位介紹，當中也包括我自己對於「如何一輩子都活躍在第一線」的摸索。

「至少還想活躍個三十年。」

我是這幾年才有這個想法，之前，我一直認真計畫要「五十歲退休，然後進大學念書」。

十幾歲便開始工作的我，比一般人都還要早出社會，不曾享受過理所當然的大學青春歲月。正因如此，我想體驗一步一腳印地求學，換上學生這個擁有某種特權的身分生活看看。

然而，看著日漸衰老的雙親，我的想法改變了。

我的父母大半輩子以來並沒有隨心所欲地任性過活，不過也沒有特別花心思為自己的老年生活做準備。或許因為如此，當病魔意外地找上身而不得不面對自己的年老力衰時，他們感到不知所措。

身為兒子的我當然負起照護的責任，也不曾感到不耐煩或責怪他們，但他們卻有著不同的心思，時不時對我說出這句很傷感的話——

「對不起啊。」

我的老爸老媽對於大可盡情依賴的兒子，懷抱的竟然是抱歉的心情。

雖然這世上打算「拿到大筆年金，靠孩子供養，之後過著悠哉的晚年生活」

的人大有人在，但看樣子，我的雙親一點也不這麼想。

我能夠理解他們的心情，因為依賴別人其實是相當難受的事。等我日後正式邁入老年，要我依賴女兒度日，我也會覺得過意不去，更別說仰賴社會養活自己，成為年輕人的負擔，更是說不出的難受。

當然，假使身體已經無法自由行動，不得不依賴他人又另當別論。但只要還能夠自食其力過活，我都希望能夠持續對社會有所貢獻，成為給予的一方；把自己所擁有的東西毫不保留地付出給他人，而不是死賴著年輕一輩說：「給我點什麼吧！照顧我吧！」

當我想到這，突然察覺自己「五十歲退休，然後進大學念書」的夢想其實是非常微不足道的一己之欲，「到了七十歲還是能持續對他人付出」，才是真正了不起的偉大夢想。

到了七十歲若仍能活躍在第一線，肯定或多或少還能對他人付出。要辦到這一點，我們得維持一路走來的步調，每天更用心地照顧好自己，克服身體與心理的衰老，做出對應的「努力與調整」。

所以，我把現階段做得到的部分都寫進了書裡，衷心期盼能夠成為各位的一點助力，幫助每個人活出自我直到人生終點。

本書不僅有指引我們用心活在當下的智慧，也有用心迎向人生終點的處世之道。讓我們一起以此為起點，增長更多的生活智慧與處世之道。

那麼，請翻開書頁吧！透過智慧、處世之道與努力，留下輝煌成績；贏取人生獎牌，就從「四十歲開始」。

第三章
減輕行囊再上路。

第四章

引頸期盼的七十歲。

第五章

從「受」轉為「施」。

第六章 今後三十年的生活之道。

終章 用心地迎向人生終點。

四十歲起的燦爛生活之道，
讓你成為耀眼的人生前輩。
前方等著的不是年老力衰，而是愈見韻味的人生。
從現在開始，夢想才正要實現，
迎向你的第二誕生日。
請毅然拋去過去累積的經驗、知識與尊嚴，
面對今後的一切事物時，
都懷著宛如「閃閃發亮的一年級新生」的雀躍心情。

第一章

四十歲是一年級生。

四十歲時，慶祝自己的「第二誕生日」

我們一忙起來，很容易忘記停下來想一想。

「該做的事」太多，連喘個氣、稍微歇息的時間都空不出來。

我想目前四十歲左右的人，大多是如此一路忙碌過來。如果說二十歲是成人的起點，到四十歲的這二十年之間，我們做為一個成熟的大人，想必都付出了相當的心力在過活。

回首這一路，有幸經歷了各式各樣的事，相對地學習到的事物數量也很可觀；習慣的事物愈來愈多，也努力學到了一些活下去的智慧。雖然辛苦，在日復一日的忙碌當中，我們依然盡力儲備足以繼續走下去的力氣。

可是，就這麼繼續傾全力奮鬥下去，真的好嗎？

而且，真有辦法一如往常繼續打拚嗎？

四十歲既是生活依舊忙碌的階段，也有想要好好坐下來休息的時候。畢竟體力不比從前，三十多歲時不曾體驗過的疲累感逐漸浮現出來，精神上也不斷有煩惱生出。

「這一路走來，究竟都幹了些什麼？」

「已經不年輕了，人生接下來應該就是下坡路了吧。」

懷抱著這些煩惱，許多人不由得停下腳步蜷起身子，甚至就這麼縮在原地，無法再踏出下一步。

可是煩惱再沉重，停在原地不去面對，答案難道會自己冒出來嗎？

而且一直煩下去，其實也非常痛苦，不是嗎？

在四十歲的此刻，有人繼續向前衝，也有人止步不前，而成功與不成功的人數，恐怕差不多是相同的數字。在我認為，對這兩種人來說，四十歲都是走向一個全新起點的大好機會。

如果你是不停往前衝的人，請暫時停下腳步，再度思考清楚你的目的地。

如果你是止步不前的人，請再度回到最初的備戰狀態，思考清楚你的目的地。

我覺得四十歲正是重新審視人生之旅的地圖，慎重思考的時刻：「接下來該往哪裡走呢？」暫時停下來，深思熟慮，定出新的起點並邁出步伐，這就是四十歲。

要是錯過這個絕佳的時機，之後就很難有機會這麼做了。因為毫不休息持續往前衝的人，隨著年齡增長，終有喘不過氣倒下的一天；止步不前不打算重新出發的人，愈拖只會愈難東山再起。這種狀況下，想追上在四十歲奔向新目標的人，幾乎是不可能的。

正因如此，在四十歲之時，讓自己停下來想想，重新思考後半生的目標為何吧。

現在想想，我四十歲的時候，內心同時存在著「繼續衝的自己」和「止步不前的自己」，煩惱得不得了，而說不定，此刻的你也是這樣的心情。

不過當我拿出勇氣停下腳步思考，登時得到了救贖，也轉換了心境：「接下來的人生，我要開開心心地活下去。」直到今日我仍然覺得，即將邁入四十七歲的我還能夠以新鮮的心情面對每一天，都要歸功於當時給了自己重新出發的機會。我由衷希望能有更多的人來體驗這個想法與祕訣。

即使你已經四十一、二歲，都還來得及。或許其實，不論幾歲決心重新出發，都是來得及的。就在今天，暫時停下腳步，為「全新的自己」慶生吧。若說呱呱墜地之日是第一次誕生日，以嶄新的心情迎向人生，就是你的二次誕生日。

首先，請對自己說聲「生日快樂」。

目標定在「耀眼的七十歲」

我在四十歲時，立定了一個目標。

那就是：「我的人生巔峰在七十歲。」

一般來說，人到四十歲，很多方面差不多都定型了，我們也覺得接下來不太可能有什麼顯著成長或巨大改變，往後的人生不過是活用至今累積的經驗、知識與人脈，繼續活下去罷了。

但，真的是這樣嗎？

與其靠存款過活，透過新的行動賺進金錢要有意思得多；同樣道理，嘗試新的行動，把新的事物帶進生活裡，這樣的人生要來得充實許多。因為你的每一天都會感到新鮮。

看看那些七十多歲仍活躍在第一線的前輩們，正是最好的見證。他們看上去永遠那麼年輕，總是積極地挑戰新事物，隨著年齡漸增依舊不斷地成長。見到這些在公私領域都令人敬佩的前輩充實的生活，我才驚覺：「前方還有自己

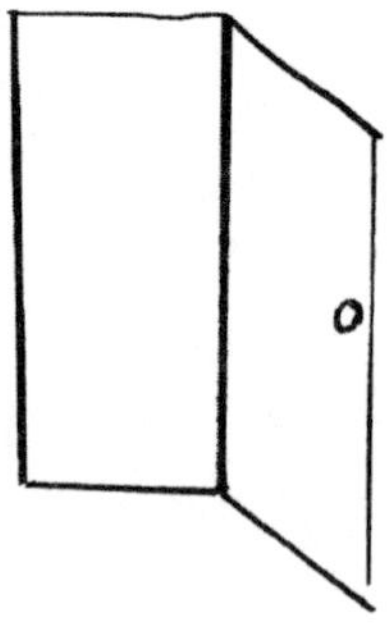

所未知的世界。」

於是我做出了決定。

我把四十歲當作新的起點，目標則是擁有耀眼的七十歲，而這個決心，讓我再次嘗到了「閃閃發亮的一年級新生」的雀躍心情。

不久我便發現，擁有「閃閃發亮的一年級新生」的心情，是最適合這個時代的態度。

現今是個瞬息萬變的時代，外國的文化、生活習慣與工作型態不斷傳入國內，為我們的工作與生活都帶來深刻的影響，而且愈來愈顯著。

面對如此現狀，若還抱持著「我已經是高年級生了」的心態，抗拒學習或接受新事物，是非常可惜的。先不論跟不跟得上時代，重點是自己將無法獲得成長。

所以才要時時刻刻保有一年級新生的心情，持續地學習新的事物。即使身為四十歲的人生前輩，依然抱持與二十歲的年輕人一同求學的心情，閃耀著好奇眼神一心求知，而這也是「閃閃發亮的一年級新生」得以常保純真心態的祕訣。

此外，持續求知也等於為開啟「未知世界的大門」做準備。這道門並非自動門，只能靠自己伸手打開。而且最根本的關鍵是，這道門究竟在哪裡，也只能親自找出來，不會有人帶領你前往。我每天都有意識地探索未知世界的門，想要親手打開它，一嘗面對新世界時的興奮感受。

還有一點需要補充說明的是，「意識到人生巔峰」等於「意識到人生終點」。也就是我們必須坦率接受生老病死的事實，這也是在四十歲時應該預先做好的心理準備。

「考慮老後的事，現在還太早吧。」

「就順其自然，總有辦法的。」

這樣講好像很豁達，在我的感覺卻是還沒做好覺悟去面對衰老與死亡，只是在逃避思考現實。

花開，結果，任務完成後便枯萎凋謝；有巔峰就有終點，這正是自然界的法則。請拿出大人的勇氣直視現實，清楚認知到，一旦定下「耀眼的七十歲」的目標，就要同時做好面對人生終點的心理準備。

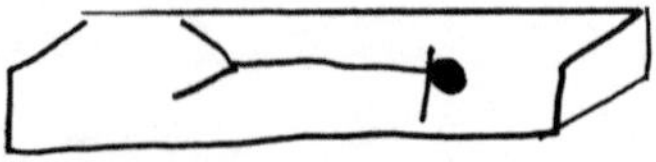

步入四十歲後，最好封印起來的三句話

把七十歲定為人生巔峰，首先必須捨棄會阻礙我們下決心的想法，讓我們從平日會無意間說出口的一些話著手吧。

無傷大雅的言辭，有時候也會在不知不覺間成為侵蝕自我的咒語，在此列出三句我個人覺得不要說出口比較好的話語。

第一句是：「我不做這種事。」

這句話聲明了自己願意做什麼、不願意做什麼，等於是把自己嵌入了固定的框架。正因為滿四十歲，不論是人際關係或工作方面，一路走來已養成了一套應對方式，有著自己的堅持，導致遇到狀況時便容易說出這句話。從今天起，把這句話忘了吧。要是執著於「一路以來的堅持」，未知世界的大門將不會為你開啟。

第二句話是：「抱歉，我不知道。」

不曾接觸的知識、文化或新技術，雖然沒有必要全盤接受所有新事物，在

你說出「我不知道」的瞬間，鐵門便拉下，當場斬斷了學習的機會。一旦放棄學習，你便踏入了老化的過程。

第三句話是：「人生就是這麼回事啊。我現在這樣很就滿足了。」結婚了，孩子也有了，房貸還有多少多少要還；在公司的職位、這輩子所賺得到的錢，就都是那樣了。「我已經清楚地看見下半輩子就這樣了，接下來我只要為孩子盤算將來，然後找到一點生活的樂趣就足夠了……」這麼說的人，恐怕早在三十五歲時便陸續拋下許多事物，懷著半放棄的心態過活；講難聽一點等於是過著自暴自棄的日子，這樣真的太悲哀了。

那麼，你的心態又是什麼呢？請不時做一下自我檢視。

有堅持並不是壞事，重點在於拿捏。一路走來的堅持與開放的心態，能夠兼顧兩者，才是讓你四十歲之後的人生發光發熱的祕訣。

不再執著於累積至今的經驗，隨時做好準備接受新的事物，獲得更多的成長、更加耀眼，而這份光芒將在日後成為身邊的人的助力。

這正是我想要的生活方式，因此我總是時時提醒自己，別把這三句話掛在嘴邊。

從「毛蟲」蛻變為「蝴蝶」

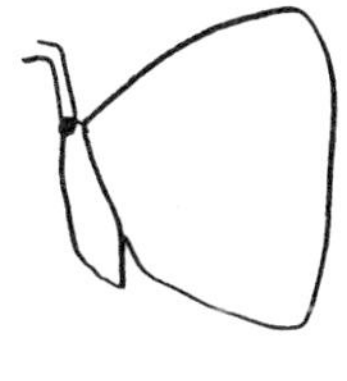

請回想二十多歲或是剛踏進社會時的自己。

那時的你想必懷抱著比現在要更多的夢想。

那些夢想全消失了嗎？

夢想終究只是夢想嗎？

即便我再三肯定夢想的存在與可實踐性，有些人還是會消極地回應：「那時年輕氣盛，根本不懂現實的殘酷。」一句話就結束了話題。

認為二十多歲時的夢想到現在早已蕩然無存的人，恐怕目前的人生過得並不如意，而且對自己還相當失望：「已經四十歲了還搞不出個名堂，後半輩子大概也就這樣了吧。」

但如果試著換成另一種思考模式呢？

我們在四十歲之前，都是為了變成毛蟲而努力。從蟲卵孵化而出的那一瞬間起，便夢想著「我想成為黃黑條紋相間的毛蟲」、「我想成為非常大隻的毛毛蟲」而尋找著未來的各種可能性。

然後到了四十歲的現在，身上的花紋並非憧憬的黃黑條紋相間，而是成了一隻綠色毛蟲，或者夢想沒能成真長成大隻的毛毛蟲，如今只是隻再普通不過的一般毛蟲。沒錯，結果已經出來了，但這不過是「毛蟲時期的結果」。

「在四十歲時暫時停下腳步」，就是拋去毛蟲的形體化為蛹。當我們破蛹而出，將以蝴蝶的形體迎向全新的開始。

綠色毛蟲說不定會成為閃耀著寶藍色光澤的美麗蝴蝶，體形嬌小的毛蟲或會化成有著令人眩目的澄澈翅膀的透翅蝶。

這些都是身處蟲卵時期的自己所無法預知、美麗絕倫的蝴蝶。

放棄努力，覺得「已經不可能再有什麼成長」的人，不妨想像一下蛻變狀態。蛻去至今覆在身上的外皮，體形便隨之大上一號；當你一次次脫去外皮，覺得「已經沒皮可脫了」，事實上還存在一層宛如堅硬鎧甲般的外殼。請將這層外殼也蛻去吧，一如蝴蝶破蛹而出，一個全新的自己就這麼誕生了。

每個人都有機會成為蝴蝶的，但如果你停留在毛蟲階段不願繼續成長，這不是太可惜了嗎？

以毛蟲階段來看，四十歲的毛蟲可能已經是大前輩了，但以蝴蝶階段來看卻只是個新生兒。我一直覺得，只要能夠認知到，身為蝴蝶能夠飛舞的世界是如此寬廣，今後人生的可能性將是無限的。

七十歲才開花結果也無所謂

有些人到了四十歲便自稱「大叔」、「大嬸」。或許是出於謙遜的心態，但要算作「上了年紀的人」，我覺得四十歲還太早。

即便努力了二十個年頭，終究沒能達到理想，那麼只要在接下來的三十年繼續努力不就成了？懷抱著夢想，並且在四十歲時功成名就的人，原本就屈指可數。

為了實現夢想，請暫時停下腳步思考一下吧。將不知不覺間蜷起的身子倏地打直吧！我想，四十歲是最佳時機。

在紐約的哥倫比亞大學，有個五十二歲的男子花了十九年的時間才畢業。他出生於前南斯拉夫，由於內戰的關係不得不告別祖國，在美國落腳時正值三十二歲。他原本在大學念的是法律，同樣因為戰爭不得已中途輟學，加上他不會說英語，在美國找工作極為困難。

後來他找到哥倫比亞大學校園清潔工的工作，卻從不認為「自己一輩子只能做這行」。他利用校內職員免學費的制度，在學校學習英語。

而讓我打從心底佩服的是，後來能夠說得一口流利英語的他，在四十歲時繼續進修通識課程。當然，為了生計以及保有學費減免的資格，他仍舊做著校園清潔工的工作。

他每天上午與年輕學子們一同在教室上課，下午則打掃校園，拖地清垃圾，嚴苛的勞動工作持續到晚間十一點。美國的大學課業相當繁重，工作結束之後拖著疲憊的身軀回到住處還要念書寫作業，必須要過人的意志力才辦得到。

花了十九年的時間取得學士學位的他，並沒有因此而滿足。他決定還要挑戰博士學位，這是多麼鼓勵人心的佳話呀！

其實不止這個實例，這世上必定還有許許多多類似的精采人生故事存在。我想再次強調，四十歲便放棄努力，怎麼說都太早了。人生現在才開始，環境嚴苛是無法拿來當藉口的。

只要人生還沒結束，就不存在所謂的「自己的最終成績單」。

明明人生還在半途，便擅自決定「我的人生成績單已經出來了」，不覺得實在太可惜了嗎？

永遠以初學者的心態面對每一天

有些公司的制度裡有一項「在職滿二十年的充電假」，一如字面所見，若能利用這段休假調整好自己的身心重新出發，真是再好不過了。

即使無法取得休假，也應設法騰出一段時間，找出新人生的起點，這是非常重要的。

當你從起點跨出第一步，你就又成為了初學者。之後不論前往何處、做任何事情，都別忘了初衷，如此就能時時刻刻保有一顆柔軟的心。

「永遠以初學者的心態面對每一天。」

若能將此當作四十歲之後的人生主題，我相信在往後的三十年必定不會一成不變。

當然，要回歸到初學者的心態是需要勇氣的。一旦拋去至今所習得的智慧，不再依賴早已熟悉的技能，回到一無所知、毫無技術可言的新人狀態，面對任何事必定會緊張得心跳加速。每天都驚慌得「不知所措」，一遇上狀況說不定還會焦慮：「真糟，怎麼搞不定呢？」

然而這些真的是壞事嗎？一把年紀還做事做成這樣，真的很丟臉嗎？

我不這麼認為。二十多歲時的我們所擁有的青澀與初學者既緊張又期待的心情，正是讓我們得以全力衝刺的動力來源。

相對地，總是一副不疾不徐、穩如泰山的老鳥態度，自以為是的認為：「不管發生什麼事，自己都能解決。」未免視野過於狹隘，令人感到悲哀。

我希望自己在任何年紀，時時刻刻都處於初學者的心態，凡事都能直率地向人低頭請教，遇上初次耳聞的事也能單純地感到驚訝。在我感覺，那些看上去永遠年輕、生氣勃勃的人生前輩，正是明白「處於初學者心態」有多麼重要。

就算被取笑：「怎麼像個小孩子。」無所謂，我的人生巔峰在七十歲，現在孩子氣也沒關係。

就算被嘲笑：「怎麼連這種事也不知道？」無所謂，正因為有未知的事物，我們才能永保青澀的純真心態，也才能夠擁有吸取新知的胸懷。

「都四十歲了，得穩重一點才行。」

「都當人家上司了，工作上的事得無所不知才行。」

「都當人爸媽了，遇上事情得果斷地處理才行。」

請現在就脫去這些限制住自己的框架。

大大方方地、天真無邪地帶著「閃閃發亮的一年級新生」的雀躍心情，站上邁向七十歲前進的起跑點吧。

對過了四十歲、
面對「第二誕生日」的自己
說聲：「生日快樂！」

第二章

「個人歷史」是座寶山。

請回顧一下，
從出社會到四十歲的這段歲月，
你都做了些什麼？
同時客觀檢視此刻四十歲的自己，
已經辦得到哪些事，又有哪些事還未做到。
辦得到的事，今後要努力做得更好；
還未做到的事，在往後的日子裡，
至少要盡心學習其中一項。
就像整理抽屜，首先讓我們試著整理製作
從二十歲到四十歲的年表吧。

製作二十歲到四十歲的年表

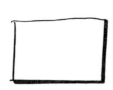

在四十歲停下來思考時，第一件該做的事就是「客觀地認識自己」。我們都覺得自己很了解自己，事實上，許多的自我認知都在不知不覺間變得模糊不明，至少我個人就是個活生生的例子。

所以要讓模糊的印象變回鮮明，以做到客觀認識自己，最好的方法就是製作個人年表。請仔細回顧你四十歲之前做了些什麼，你會驚訝地發現有些原本覺得「不久前才發生的事」，竟然已經忘得一乾二淨了。

突然說要來做年表，你可能會覺得相當困難，不知該如何著手。但製作年表的訣竅正是在於：別把事情想得太嚴重。

首先請準備筆記本或白紙，畫下一道線，在線上隔出二十個間隔代表二十年，接著把每一年發生的事件填入相應的位置，一想到什麼就直率地寫下，總之請先從這個作業開始著手。

找到工作、換工作、遇到某個重要的人、結婚、搬家、生子等等，想到什麼都全部記下來。

大致想過一遍，把想到的都立刻寫下，其實花不了多少時間，但這畢竟只是「約略」。這二十個間隔當中，很可能出現連續數年的空白，或是怎麼都想不起來發生過什麼事的時期。

「三十三歲到三十五歲這段時間，我究竟做了什麼？」

「我二十多歲的時候，就只有『找到工作』唯一一件值得提的事嗎？」

可能有人會因此感到不安，請放心。我當初在製作年表時，剛開始也是很多事情都想不起來。此時請先停下筆，靜下心來看著這張東缺西漏的年表，慢慢地回憶就自然湧出來了。

「對了，這時候認識了那個人。」

「他幫了我一個大忙。」

曾經有過的失敗、開心不已的事、和誰起過爭執，往事一點一點地被喚醒，個人歷史就這麼浮現出來。

透過這個作業我才發現，原來遺忘了好多事。而且不可思議的是，望著年表，我自然地會站到客觀立場，彷彿眺望著這叫做「松浦彌太郎」、似我又非我的二十年歷史，如此一來，撰寫年表突然變得有趣了。每當又想起一件往事，就宛如斷斷續續的電影情節被接了起來似地，我開始著迷於年表製作，而且是以客觀自我審視的立場。

我想恐怕每個人在二十歲到四十歲的二十年間，都有過起起伏伏。談過戀愛、面臨過挑戰與失敗，當然還包括身為成人所不得不面對的無數現實。就這麼愈填愈多，年表也愈來愈亂。「二十四歲那一年發生太多事情了，寫不完啊」，或是「三十八歲那年我換了工作，其他好像就沒有什麼值得一提的大事了」。人生有濃有淡，個人年表很難像教科書上的歷史年表一樣均衡分布。所以，想到什麼便記下的作業告一個段落後，不妨拿起另一張白紙重新謄寫，同時還能再次梳清過往的人生經歷。若謄寫當中又想起了什麼，繼續加進去即可。

做出個人年表，帶給自己極大的安全感。

因為你不再質疑自己：「這二十年來，我都做了些什麼？」

看著寫下的年表，每個人一定都有過克服困境的經驗。你會訝異地發現：「噢，沒想到那時的我還滿有擔當嘛。」不論是工作或生活上，由於想起了許多往事，你會因此拋去不安，拍拍自己的肩說：「太好了，我沒有渾渾噩噩過日子。」心裡自然湧現對許多人的感謝之情。

我當初製作個人年表，共花了三個星期。可能有人會訝異於「居然需要花那麼多時間！」我卻覺得再正常不過了。因為製作年表，是讓四十歲的自己迎向嶄新的三十年所不可或缺的準備工作。

有幸活了四十年，一路走來做過許許多多的事，要是不曾回顧審視，任年歲繼續增長，實在太寂寥了。因此希望大家都能停下來檢視自己一路走來的軌跡，為踏上人生新起點做準備。

我覺得努力回想個人歷史所花的心力與時間，都是非常值得的。因為每個人的年表裡，都埋藏著許多寶物。

從平凡無奇的日子找出值得記下一筆的點滴

有些人可能真的不擅長製作個人年表，我再為各位提供一個小訣竅。

覺得「想不出有什麼值得一提的事」的人，可能認為人生要充滿戲劇化或大事件才行，其實大多數人的人生並沒有那麼崎嶇坎坷。請仔細審視，哪怕是不值一提的小事，都逐一記下吧。

先前也提過，製作年表能讓自己以客觀的眼光、如同審視他人似地回顧自己至今的人生。同時為了能夠評估至今對世間做了哪些貢獻，客觀性更是必要的元素。

更重要的是，製作年表幫助我們「接受至今所做過的事」。因此即使是平凡無奇的日子，也應從中找出值得記錄的點點滴滴。

甚至只是心情的改變，或日常的生活習慣都可以記下。

「我總是把環境打掃得乾乾淨淨的。」

「雖然是小案子，我還是努力把事情處理好了。」

諸如此類。一邊記下小事，還能幫助你進一步回想：「為什麼當時我會有那樣的心境轉折？」

此外，在工作上就算沒有什麼亮眼成績得到表揚，再小的成就都不妨一一記下。

「搬家很辛苦，但我還是努力處理完了。」

「當時為了求職拚命地四處面試，雖然最後沒被錄取，至少那時候努力過了，這就足夠了。」

講得極端一點，「購入名牌包」都可以算進小成就裡。即使是珠寶或車子，購買的當下一定有它的故事。可能是你用人生中的第一筆獎金買了名牌鞋子，也可能是想用給人成熟感的皮包，只要回想起購買當時或使用該物的情景，一定有值得寫進年表的地方。

就像這樣，請鉅細靡遺地回顧一路走來的二十年人生吧。

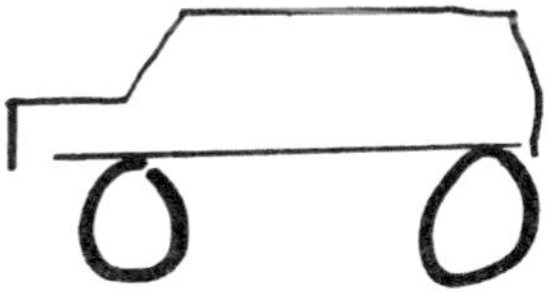

打開「上鎖的抽屜」

花了許多時間製作年表，到了覺得「真的已經什麼都想不起來了」，上頭必定還留有空白位置。

怎樣都想不起來曾經發生什麼事的日子。怎麼想都是平凡無奇的日子。我也遇過同樣的狀況，「這兩年真的什麼事都沒發生嗎？」出現了好大一段空白。

那麼，是真的想不起來，還是不願想起呢？總之，首先我必須先認知到年表上存在著空白這一點。

接著我花了點時間，稍微退一步思考這段空白，結果我發現那是自己極不願回想起的一段痛苦時光。

我隱約記得，那段時間做什麼都不順利，想了許多對策也都全軍覆沒，像是在沒有出口的迷宮裡痛苦掙扎著。然而我只殘留模糊印象，當時究竟是為了什麼事在糾結難過，細節卻想不起來了。

我想，說不定是自己下意識用粗的奇異筆把那段記憶徹底塗掉，當作什麼

都沒發生。而我能夠察覺到這一點，正是拜製作年表之賜。

畢竟不願回想起來的「日子」，並不是二十年的全部。換句話說，總還是有個讓生活柳暗花明、重見天日的契機。因此，只要將那個解決契機記錄於年表上即可。光是能了解到有這麼一段慘淡時期，就能支撐你往後的人生也能夠堅強地走下去。

說到底，我們都只是自以為聰明，避談痛處，讓自己忙碌地一路走來罷了。每天為了處理各式各樣的事情好朝目標前進，我們訂出了許多的規矩。像我也規畫了未來願景，思考各種對策，做了許多努力。

然而人生之旅是複雜的，愈是拚命詳細規畫的「人生地圖」，愈派不上用場。「預計〇歲前要登上那座山」、「預計〇歲時要採收這棵樹的果實」，現實卻無法稱心如意，僅僅忘我地處理眼前的事物，日子就這樣飛逝而過。忙到沒有多餘的心力去思考未來或自己的生活之道，填滿日子的淨是「忙著處理眼前的事務」。

於是在過程中所產生沒得到解決的糾結、疑惑、不安、焦慮等等，總之全都扔進內心深處的抽屜，碰地一聲關上。如此一來，心房看起來就像是整理得有條不紊，但經年累月下來，抽屜裡卻是亂成一團。

到後來，一想到「總有一天得把裡頭的東西一樣樣拿出來整理掉」，內心便感到沉重不已。「反正不打開也不會死」，索性直接上了鎖，忘了這些事的存在。我想，年表上的空白，八成是這麼來的。

若你察覺內心裡有個上了鎖的抽屜，請把四十歲視為挑戰大掃除的時機。如果能夠徹底將抽屜整理乾淨，並填滿年表，相信你也會打從心底鬆了口氣。

我從年輕至今拍了許多照片，旅行時每天帶著相機做紀錄，結果從二十歲到四十歲所拍下的大量照片，現在全被我塞在一只紙箱裡，一直沒能整理起來。我常在想，要是哪天能夠把那些照片依照時間順序整理好貼起來展示，該有多暢快呢？

你內心上了鎖的抽屜，或許就和我那只裝照片的紙箱，是一樣的存在。

不要對自己說謊

製作個人年表完全是為了自己，沒必要把成品攤在他人面前。另一方面，個人年表不是歷史年表，沒必要回頭查證是否全部屬實。

在這個大前提下，請誠實地寫下經歷過的事吧。把那些想不起來有什麼值得一提的空白擱置一旁，寫下至少想得起來的事。

只不過，人是怯懦的動物，對於不想面對的事，通常有兩種作法。一是當作「沒這回事」，直接扔進內心的抽屜裡然後忘掉它；另一種則是對自己說謊。

如果覺得說謊這個詞過於嚴厲，也可說是「試圖美化」。即便其他人不會看到，也不會受到責怪，我們依然自己欺騙自己。

「我的人生居然發生過那種情況，不如改寫成這樣好了。」

於是在個人年表中記下了偽造的過往。當然，寫的時候心裡還是想：「雖然跟事實有點出入……就這麼寫好了。」然而可怕的在後頭。

當你在年表寫下偽造的過往，內心也會跟著認定「沒錯，當時事情就是這

樣。」不知不覺間，你已經被自己編出的謊言給矇騙了。

我在製作個人年表時，真的是一邊忍著羞愧的情緒一邊坦承過往的污點。我也發現我的心裡始終藏著想說謊的另一個自己，每當意識到他的存在，我都忍不住嘆氣，深深覺得自己真是太怯懦了。不過，察覺自身的怯懦與試圖正當化自己的怯懦，完全是兩回事。

請誠實地製作個人年表，不對自己的過去說謊。

當你勇敢地直視不願面對的過往，毫無修飾地誠實寫下，有時會被那些喚醒的不好回憶惹得心情低落。但你仍不應輕描淡寫地粉飾「因為很多原因，跟那個人怎麼都處不好」，而是坦承「因為我做了卑劣的事，傷害了那個人」。要坦白到這種程度，的確需要非常大的勇氣。

即使如此，只要能夠撐過這一關，這份個人年表將對你意義重大。我一直相信，能夠鼓起勇氣坦承面對自己，對於四十歲之後的人生只有百益而無一害。

記錄下事實並非揭發罪行，沒必要對於自己的個性缺陷感到失望甚至自責。請以寬容的心看待：「我們都是凡人，同樣怯懦、笨拙，很難活出稱心如意的人生。」絕對不能因此感到沮喪或責怪過去的自己。

最後等到年表差不多完成時，你將發現一度被遺忘的過往當中，其實夾雜了許多的寶物。

好比「這段時間我每天就像溺水的人痛苦掙扎著，但還是有人對我伸出援手呢」。

「當時只顧怨嘆自己如何地不幸，現在想想，反而很感謝老天給過我這樣的考驗。」

你將訝異地發現，當年沒有心思接受或認同的事，如今卻閃耀著燦爛的光芒，而這正是你沒有對自己說謊所獲得的最佳回報。

重拾感恩的心情

即便到最後年表還是有些缺空的部分，製作告一段落之後，請仔細地審視一番。

「這時候遇到的事情，讓我領悟到了什麼？」

建議你花一點時間，獨自思考一下。

我的經驗是，我發現在二十歲到四十歲的二十年之間，得到他人的幫助遠比我付出的要多上許多。

雙親、手足、朋友、愛人、公司同事或上司、鄰居，各種人際關係當中，我都不斷地受到人們的幫助與支持。

儘管在我覺得「沒有半個能幫得上我的人」的那段時間裡，其實還是有人為我加油打氣。只是我一心只在意眼前的苦難，而忽略了身邊細微的聲援，甚至有些是在十多年之後才猛然察覺。

有不少人愛拿曾經經歷的痛苦回憶來自艾自憐，猶如刺蝟般豎起全身的刺不讓人靠近。「我的人生只有一個慘字可言。被人利用、矇騙、惡整、奇慘無比，我再也無法相信任何人了。」

懷著滿心的怨恨，讓自己的心如尖針般，以此為護盾活下去。

我的內心也存在這部分，而這只是證明了人性有著怯懦的一面，我並不予以否定。不過，難得迎向了四十歲這個第二誕生日，都已經要以「閃閃發亮的一年級新生」的心情重新出發了，若是還抱著過往的負面情緒走下去，豈不是太可惜、太悲哀了嗎？

因此，請趁著審視個人年表的機會，拿出勇氣把身上的刺拔掉吧！同樣腦袋要裝進回憶，那麼從中找出開心的事、有人伸出援手或曾受人幫助的往事。

說不定只是你淨記著痛苦的回憶，而一時忘了那時候也有好事發生。「得到他人的幫助遠比自己付出的要多上許多」——我想這不只發生在我身上，而幾乎是大家共通的體驗。因此也為了矯正偏頗的記憶，請從年表當中找出「受人幫助之事」。

當你一邊找出「受人幫助之事」一邊看著年表，內心自然而然會湧現感謝之情，變成一個懂得感恩的人。

我認為，不論在工作或生活方面，我們都必須時時擁有一顆感恩的心。我相信，感謝之情正是人生的重要動力，只要懂得感恩，不論接下來的第二人生路上會面臨什麼樣的考驗，也能努力地繼續走下去。

忘掉「四十歲之前的自己」

製作個人年表等於回顧一遍自身的過往。因此，我這麼說或許聽起來有些矛盾，請趁四十歲時，誠實檢視過自己的年表之後，當下讓一切歸零。也是進入下一個階段的重要步驟，放下不必要的行李，忘掉過去的自己。

包括過去的自己、過去的榮耀，請將四十歲前的自己徹徹底底地忘得一乾二淨。

我認為這非常重要，因為你已經不是四十歲之前的自己了，不能一直活在過去裡。

四十歲之前與四十歲之後，在各方面能力上當然有顯著的不同，尤其是，體力已經明顯地不如從前。

三十多歲的時候，一忙起來熬夜也不算什麼，但四十歲之後就不同了，覺得「還撐得下去」而勉強熬夜，你會發現體力很快就透支了。之後還得花好幾天補眠才補得回來，或因此搞壞了身子。

三十多歲的時候，上班時間前一個小時出門的話，大約可在十分鐘之前抵達公司，然而隨著年紀增長，如果不早一個半小時出門，上班就遲到了。原來不但走路速度變慢，也趕不及衝進電車裡；飲食方面也一樣，四十歲之後的食慾不比從前，可能酒也不太能喝了。

大部分的人都以為過了四十歲還能如常工作、如常度日，沒察覺身體狀況已經到了人生的轉折處，勉強照著二十、三十多歲的工作與生活模式過下去，結果就是弄壞了身子。

因此到了四十歲重要的是，看清並接受事實，並為往後的三十年人生之旅做準備。

讓個人歷史歸零，忘掉過去的自己，然後體認到此刻所握有的能力，即便體力不如從前，今後也要設法讓身體時時維持在最佳狀態。只要事前做好萬全的準備，不疾不徐地繼續前進，以結果來看，你反而會得到比從前還要高階的能力，因為那時你已經具備優秀的質感、精湛技術與思考能力，絕對足以彌補體力衰退對繼續前進所造成的影響。

同時，為了確實完成接下來所擔負的人生責任，請坦率接受以下事實：從前一些理所當然辦得到的事，現在不見得輕易辦得到了。但是，儘管體力衰退，為了依舊能拚出不輸從前、甚至超越從前的成績，請先想好該做足哪些準備。有了萬全的認知與準備，才有可能完成日後的人生責任，尤其在工作方面，我認為需要特別留意做足準備。

要在七十歲迎向人生巔峰，往後的三十年必須持續活躍在第一線才行。請記住：不論是面對工作或家庭，只要持續活躍在第一線，就永遠有「責任」在肩上。

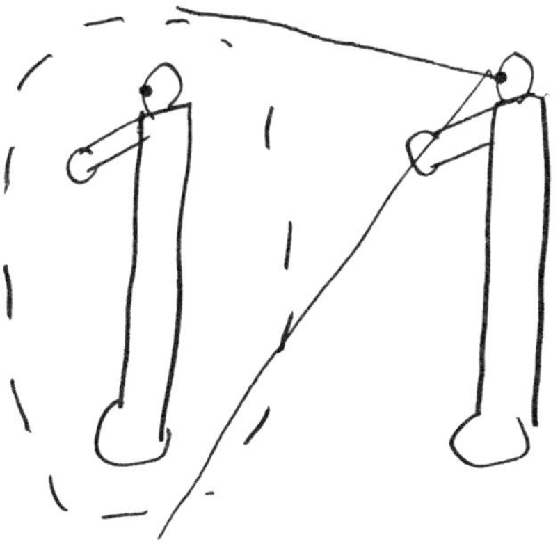

表達「感謝」之後，
讓過往歸零。

第三章

減輕行囊再上路。

現在的你，擁有多少寶物呢？
工作、資產、物品、人際關係、
夢想、貸款、或是其他，
請只挑出必要的東西留下，盡量減輕身外之物。
試著寫下對寶物所懷抱的感謝或歉意，
好好盤點你所擁有的寶物。

此刻的自己擁有些什麼？

到了四十歲，該是整理身邊所擁有的東西的時候了。

這當中除了物理性的物品，也包含像是房子之類的資產、存款、貸款等財務部分。另外，家人、朋友、工作上的人際關係也都是你的資產。工作、夢想、責任、能力等，這一切全都是你所擁有的東西。

不論是好的東西、不好的東西，請將全部寫下來列成清單。

製作「所有物清單」與製作年表一樣，是為了讓你誠實面對自己的心，因此列清單需要一定的勇氣，你必須像是赤裸地站在鏡子前看著自己，可能會看到不想面對的事物，也可能會因此感到迷惘。

但正因為過去遲遲無法面對，正好四十歲是盤點的好時機，希望你也能鼓起勇氣迎向挑戰。

製作所有物清單第一階段的重點在於清楚、明確地列出每一項所有物，第二階段的重點則是在於，察覺「原來身邊有這麼多的東西」。我想，恐怕每個製作所有物清單的人，都會對自己所有物的數量之龐大感到驚訝。

大多數人在四十歲前都只顧著苦幹實幹向前衝，壓根沒有心思停下腳步整理所有物，於是在不知不覺間，身邊積累了許多東西。

正因為無意間增加了這麼多物品，或許你一直沒注意到「原來我擁有這麼棒的東西」。

我們很容易消極地覺得：「我一無所有，當然也沒有什麼珍貴的東西。」然而當列出清單仔細一看，應該會訝異自己「一直都擁有這麼多的寶物」！

「要的東西」與「不要的東西」

「為什麼我的行李會這麼重呢?」

我常常旅行，有一次突然感觸很深。那天我在投宿的房間裡打開行李箱，將裡面的東西全拿出來攤到床上，我才看明白了許多事。

「啊，我居然連這種完全用不到的東西都帶出來了。」

「原來我塞了這麼多東西，難怪行李會這麼重。」

在四十歲時整理所有物清單，就類似這種感覺。

大多數人四十歲前都是一邊把各種東西塞進行李箱一邊打拚，包袱自然愈來愈重。與其一味拉著行李箱嘀咕：「好重、好重喔。」不如重新審視行李箱的內容物：「因為塞了這個跟那個，難怪會很重。」明白包袱沉重的原因，心情也輕鬆許多。

不過突然要各位整理身邊的物品，恐怕有一定的難度，所以你只要先清楚認知到「我有很多不需要的東西」，然後就地擺好，並且時時謹記「總有一天要清理掉」即可。

以旅行的行李來說，你可以這麼想：「等一下去到山裡的小木屋時，就把這本書留在那兒吧，那邊有個書架，專門放遊客們讀完不帶走的書。」「這件T恤等哪天一早想處理掉的時候，就丟進飯店的垃圾箱裡吧。」又或者不妨想像：「下次旅行的時候，過得稍微克難一點也沒關係。」

檢視所有物清單，就像確認旅遊物品清單，請思考：「這個戒指很漂亮，可是我用不到。」「真的需和這個人維持良好關係嗎？」

珍貴的物品也好，可有可無的東西也好，這些你所擁有的一切，在心中一定有個分量；就算分量再怎麼輕，也絕對不會是零。

請想想：「自己就一雙手，能抓住多少東西呢？」數量顯然有限。接下來即將踏上邁向七十歲的旅程，一路上肯定又會逐漸增加行李。因此，在四十歲重新出發的階段，最好能一身輕裝上路。若你能理解，並做好心理準備了，接著就著手將身邊的物品逐一分類為「要的東西」與「不要的東西」。

分類的訣竅在於：「只是先做分類。不要的東西，不見得要現在就處理掉。」

要扔東西，需要勇氣和時機，尤其是伴隨自己很長一段時間的東西，不可能哪天突然說要丟掉就丟掉，應該是根本放不了手吧。

如果認定「不要的東西＝丟掉」，很可能會因為丟不掉而全都歸類到「要的東西」清單裡頭。為了避免這種狀況，最初只要在紙上做分類即可。更重要的是，自己必須全盤了解身邊有多少物品，以及拿捏好「要的東西」與「不要的東西」的比例。

一旦做起分類，你會發現：「果然不需要的東西還是很多啊！」而且不止物品，包括一些乍看很重要的人際關係，其實很多也屬於「不要的東西」。

你可能也發現了，有些人際關係只是因為好面子或自尊問題而勉強維持聯繫，卻在不知不覺間成為內心沉重的負擔。

或是一些經過計算得失後決定「還是留著好了」的東西，很可能後來都成了折磨自己的罪魁禍首。

「和這個人維持關係，會不會造成自己的壓力？」

「這樣的習慣，是不是出於被迫？」

一旦發現這類的所有物，請歸類到「不要的東西」裡。「不要的東西」清單中，很可能包括曾經對自己很重要的東西，但隨著年紀增長，就變得不再需要了。此外，有些覺得應該歸進「不要的東西」裡，但其實只要做點改善，還是有可能重回「要的東西」的清單裡。

至於「要的東西」清單中，可能包括了你的寶貝、必需品，以及沒有特別原因就是覺得需要的東西，這部分就隨意輕鬆地寫進清單裡即可。

所有物清單列好之後，請檢視「要的東西」與「不要的東西」兩者的比例。在這個階段，如果有「可立即扔掉」的東西，請毫不遲疑當場處理掉。記得把握一個大原則——「減輕行囊再上路」。

分類「要的東西」與「不要的東西」，能夠幫助了解對自己而言什麼是真正有價值（感到幸福）的東西，當你分辨出東西的正面價值或負面價值時，就會知道自己真正珍視的幸福是什麼了。

「做得到的事」與「還做不到的事」

透過各種方法將身邊的所有物分類，不但達到整理的目的，同時還能以不同於年表的角度，來客觀檢視四十歲的自己。

在我們所製作的所有物清單當中，包括了「能力」部分。

例如有人「說得一口流利的英語」，也有人「只懂幾個英語單字」。

有人「創意無窮」，也有人「數字觀念很強」。

關於能力的部分，我分為「做得到的事」與「還做不到的事」兩大類。判斷基準由自己決定，是頗傷腦筋的工作。不過只要花點時間，好好思考，一定能夠做到。

首先，我建議從「做得到的事」著手。請拿出自信，大方地讚美自己，不論多小的事，只要是做得到的，盡可能寫進清單裡。

「我總是很有精神地和他人打招呼」、「我很愛乾淨」等等都可寫上。認同自己「做得到的事」，讚美自己，並且今後努力讓這項能力發揮得更加淋漓盡致。

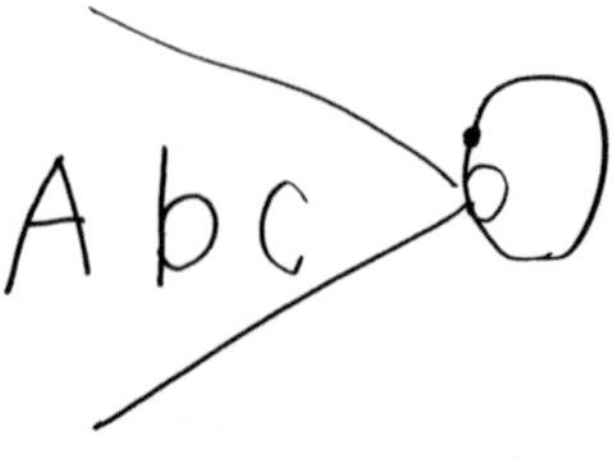

第二，列出「還做不到的事」清單。既然還做不到，也就表示不在所有物清單裡。當你察覺：「要是有這項能力就好了，可惜沒有。」這一項就是日後該努力的課題。請一邊自我檢視，完成「還做不到的事」清單。

對於做不到的事，不要覺得「我得辦到才行」，也不要責備自己：「怎麼都到四十歲了，這點事還做不到。」

邁向七十歲的旅途很長，也會不斷成長，對於目前做不到的事，「前方的路還長，慢慢學習一、兩項就夠了。」請以輕鬆的態度面對。只要清楚掌握哪些事還沒做到，就達到檢視自己的目的了。

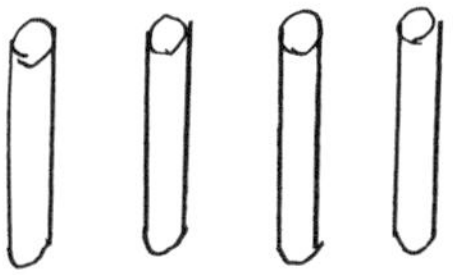

「謝謝」與「對不起」

「謝謝」與「對不起」。

這是日常生活中非常重要的兩句話。

由於太過平常，還特地拿出來強調似乎有點多此一舉，但我總是提醒自己要好好地使用這兩句話語。譬如家人生日時，雖然害臊，我都會送上寫有「謝謝你平日的照顧」的小卡片，自己也感到很開心。

憑藉「謝謝」的力量，也能幫助自己審視身邊的所有物。年滿四十歲的此刻，正好回頭審視這一路走來對什麼事情心存感謝，總想對什麼說聲「謝謝」。

請拿出筆記本，首先從自己的所有物當中，找出覺得很感謝的人、事、物，寫在本子上。

接著從所有物當中，列出內心感覺有所歉疚的部分。我不是個完美的人，很多事都做不到，很多事都無法處理得盡善盡美，因此總是感到無力與歉疚。

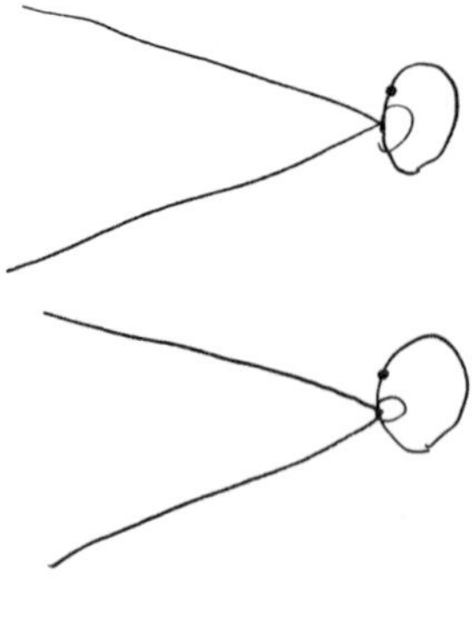

發現老是改不掉的壞習慣，例如「總是沒耐性，真是抱歉。」把這類事項歸進「對不起」清單裡。

另外就自己身體狀況，也能列一張「對不起」清單。雖然我本身不抽菸，但有過戒菸失敗經驗的人，可以列出一項：「雖然知道抽菸對身體不好，還是抽了這麼多年，不愛護自己的身體，真是抱歉。」

一旦寫起「謝謝」清單與「對不起」清單會愈列愈長。對我而言，把這些事情整理清楚寫下來，有益身心健康，因此我總是不時拿筆記下。

面對日常發生的大小事情，我們很難一直保持開朗的情緒。有消沉的時候，也會毫無來由地感傷，這時候，如果養成記錄「謝謝」與「對不起」清單的習慣，就成了最好的心靈體操，只要拿起筆，思考之後記下，心情馬上會輕鬆許多，也就是說，這個習慣是遇到煩惱的「心靈醫藥箱」。

在列「謝謝」清單時，即使只是微不足道的小事也可以寫進去。例如，對日漸長長的指甲說「謝謝」，對健康的身體說「謝謝」。對清晨清新的空氣、對笑臉迎人的店員，只要想說「謝謝」的對象全都寫進清單裡。

在列「對不起」清單時，好比想對老是處不來的A君說：「沒辦法好好和你相處，真是抱歉。」或「一直難以啟齒，真是抱歉。」那麼就寫進清單裡。有時候當你意識到和對方處不來，進而從中學習到了什麼，這時候反而會寫下：「A君，謝謝你。」

面對這些「對不起」清單，承認錯在自己是很重要的。或許有人面對處不來的人怎麼都無法說出「謝謝」，但我一直覺得：「無論如何，說到底，問題根源都出在自己。」

事情無法處理妥當，問題出在自己。

對方對自己不友善，問題也出在自己。

對於處不來的人，我總是這麼想：「說起來根本是我的態度不好，真是抱歉。」會這麼想是因為，我並不強大，想法與作為也不總是百分之百正確。因為對自己沒自信，所以能夠坦率地說出「對不起」。這並不是謙讓，我只是從「不論什麼樣的人身上都有值得學習的地方」的角度來看待事物，因此能夠誠心地向對方說出「謝謝」。

請透過這個作業誠實面對四十歲前的內心。

當陸續寫下「謝謝」與「對不起」清單，我想「謝謝」清單必定要長得多了。

看著自己寫下的清單，內心將充滿感謝之情。

從所有物當中找出「重要的事物」

「對自己而言，最重要的是什麼？」

關於這一點，也請在四十歲的此刻，靜下心來認真想一想。

在我認為，盤點身邊所有物品的最大目的，並非拋去不要的事物換得一身輕，而是認清什麼是對自己真正重要的事物。

因此最要緊的是「從現階段的所有物當中，找出真正重要的事物。」我們總是向外伸長了手，試圖追求，但我發現其實就像童話《青鳥》所述，很多時候重要的寶物一直就握在我們手上。

人是充滿欲望的動物，想要這個那個這樣那樣的，但在我感覺，與其追逐得不到的東西，反而應當珍惜握在手裡的寶物，讓這份牽繫更緊密，才是真正充實的生活之道。

不停追求手上沒有的事物，身邊的物品不斷增加，這樣的外求做到四十歲就夠了。

四十歲之後，求的是用心珍惜手上已有的事物並減少外求，「減輕行囊再上路」才是最好的。

我們可以選擇用心對待手中的寶物，讓這份牽繫更緊密。也可以選擇不在意曾經擁有，隨便扔在一旁，最後在不知不覺間失去了寶物。

但選擇前者，絕對是比較幸福的。現在就從你的所有物清單當中，找出「重要的事物」吧。

或許有人認為：「什麼是最重要的，自己早就曉得了，還用找嗎？」然而有時候正因為是重要的事物，反而容易覺得理所當然，沒必要三不五時提醒自己，而棄之不顧。好比健康是無可取代的寶物，但只要沒生病，身體還能正常運作，我們很容易忽略健康的重要性，而不自覺地持續消磨身體。

尤其到了四十歲前後，每個人身邊擁有的事物數量都很可觀。當中什麼是重要的、什麼是不重要的，愈不去思考，分際愈模糊，最後直接塞進行李箱裡，換句話說，「這東西留起來比較保險」、「這東西可能哪一天會用到」，這一類的物品占滿了行李箱，導致真正重要的事物很可能淹沒其中。

要判斷什麼是「重要的事物」，有個好方法，那就是回想每天早晨起床時，腦中浮現的是誰的面容。

我有個習慣，每天早上一睜開眼，腦海中會浮現最想感謝的人的面孔，起初是家人，有時會想起尊敬的前輩、父母或好友。

養成習慣後，後來不用刻意，一起床腦中就會自動浮現重要的人的面容。正因為是自不待言的重要事物，更需要經常提醒自己。久而久之，我就清楚地了解到，接下來的人生當中什麼才是真正需要的事物、什麼是沒必要的事物。

此外，自己覺得重要的事物當中，可能有些是他人無法理解、「說什麼也捨不得放手」的事物。甚至在別人眼中看來覺得你這執著有點怪。譬如獨樹一格的嗜好、明明彈得很爛又很愛彈的鋼琴、每次都會玩到忘我的遊戲、寵物等等，即便他人無法理解，我倒覺得自己認為重要就好了，對自己而言的重要事物本來就沒必要徵求他人的認同。

不論在他人眼中看來再怎麼莫名其妙，「我真的很喜歡這東西，不能沒有它。」能夠認知到擁有這樣的所有物，是很重要的，因為它將成為你接下來人生的重要精神支柱與樂趣來源。

說得極端一點，其實每個人身邊都應該有這麼一樣東西，讓你覺得：「我生活裡只要有它，就很開心了。」

找到自己的愛用品

整理身邊的所有物，其實是同時整理內心的物品與實際生活中的物品，也就是分為有形的與無形的兩大類。

我想大多數人都會驚覺，自己日常生活中的物品多到難以處理。其實這是很自然的事。

四十歲以前，我們都會買衣服或各種喜歡的物品，也有一段時間想要學東西而買了一些教材吧。

但買得愈多，事後後悔的機會也愈多，最後可能都把東西送人或扔掉了。不過，我覺得這也是一種學習，每個人人生必經的過程。

可是過了四十歲，就不要再把錢花在無謂的購物上了。請記取四十歲前學到的教訓，盡量減少身邊的物品。

要減少身外之物，祕訣就在於找出自己真正愛用的物品。

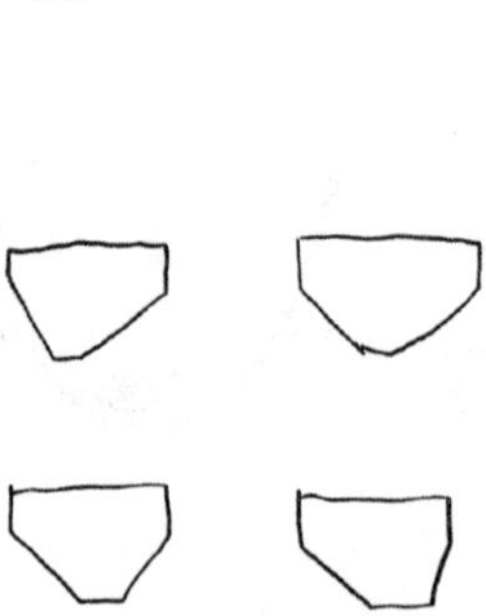

「我真的很喜歡這個，以後就固定使用這款了。」請慎重考慮，找出個人的愛用品。

我在購買這類物品時，好比中意的衣服款式，我都會一口氣買兩件起來當備品，包括襯衫、褲子、襪子、外套都是如此。毛巾或手帕也是一次買兩條，消耗快的物品甚至一次會買到四份。

「要減少身邊物品，怎麼反而同樣的東西要買兩份？」

你可能會覺得不可思議，但這正是避免物品增加的祕訣。

比方說襯衫，再怎麼珍惜穿用，久了領口或袖口還是會污損，這時候如果要買新的，又得到處去找中意的。但服裝有所謂的流行在，也沒辦法立刻找到適合自己的款式，於是妥協之下，買了「將就點穿」的衣服，但又覺得不搭。於是下次看到相近的款式，忍不住又買來穿穿看。結果導致非必要的物品愈買愈多。

而我，因為一次都買個兩份、四份，橫豎有「庫存」在，反而變得很少出門購物。亦即，有了庫存，也就沒有購物的必要了。

每當我找到喜歡的生活用品，就會一口氣多買一些，有時會誇張到「往後十年都不用擔心補貨問題」的程度。

雖說男性服飾的潮流變化不如女性服飾快速，但女性需要穿著正式服裝的場合事實上並不多，而且到了四十歲，應該也沒興趣追著流行跑了吧。

「白罩衫搭長褲是我固定的打扮，不過相對地，我只買質料好的白罩衫和真正中意的長褲。」

能做出這樣的決定，才是充滿魅力、成熟的大人。

而且買到好東西時，感動一定會隨之而來。

「這部分縫得好細心喔！」

「這衣服的質地穿起來好舒服喔！」

穿上真正品質好的衣服，能夠讓你產生自信，而且大多是不退流行的經典設計，即便他人不一定會察覺其中妙趣，穿的人一定能從中發現許多驚喜。

雖然你可能不會聽到他人稱讚：「你好會穿衣服，很好看呢。」甚至會覺得你怎麼老是穿同款式的衣服，但我認為，與其聽到他人的讚美而喜悅，我寧可因為自己身上衣物的好品質而感動。

能夠感動自己的好東西。

會想要多買一份起來當備品的好東西。

當你想找出自己的喜愛的物品，就會認真考慮思索。當你精挑細選敲定之後，身邊不必要的物品自然就會慢慢減少。

用心對待寶物① 服裝儀容

經過深思熟慮，慎重挑出的「好東西」，會變成自己的愛用品，但其實每個人都擁有與生俱來的寶物，那就是你自己。

對待自己這項寶物，必須非常用心，時時刻刻珍惜地打理愛護才行。

為此，我自己滿四十歲之後，養成了一個習慣——每兩星期就上理容院剪頭髮。

「你平日這麼忙碌，還要每兩星期上一次理容院，怎麼有時間呢？」

大家可能覺得訝異，但這件事對我非常重要，今後我也會繼續維持這個習慣。坐著讓人家幫你剪頭髮，雖然不像做全身美容般享受，但對我而言，剪頭髮不但能夠放鬆心情，還能好好地專心思考，是一段「讓自己煥然一新的時間」。

當然，這麼做相當花錢，但絕對值回票價，因為四十歲之後，我們與社會的交流變得更為深入。

如果是熟人之間的交流，由於彼此都曉得對方的個性，即便頭髮沒整理，對方也能體諒：「噢，他最近應該很忙吧。」但如果是個人對社會之間的交流，就不是這麼簡單了。邋遢的服裝或凌亂的頭髮可能帶給他人不好的印象，更糟的狀況還可能損及自己的信用。

因此我總是隨時隨地保有不失禮的服裝儀容，如此一來不論遇到不認識的人或各界人士，我都能展露自信與對方交流。

不要抱著「抱歉最近太忙了，沒時間打點儀容」的心態，而是隨時都要準備好抬頭挺胸地面對他人。

所以我很注重儀容，頭髮總是整理得好好的，服裝也都精心挑選。如果打算從事優質的工作、想學到優質的事物，更要打理好自己的外在服裝儀容。

在服裝儀容上的用心，不但會激發出想全力做好工作的欲望，更能展現自信。所謂的服裝儀容，其實是我們生活中相當大的一股原動力，「一旦打理得整潔有型，會很想出去見人呢！」我想這點不分男女都是一樣的吧。

不論何時、去見誰，都不會感到丟臉的服裝儀容。

就算面對初次見面的陌生人，也能夠抬頭挺胸面對面交流的服裝儀容。

我一直把這個原則記在心上。

至於我會特別執著每兩星期一定要上一次理容院，是因為我覺得頭髮是儀容當中尤其重要的一環。與人初次見面時，我們的視線通常都會先落在對方的頭髮上，一方面是顏色深且占據外觀的面積大，目光自然會先看向頭髮。

頭髮整齊清潔的人，不論男女都能給人留下好印象。會花時間打理頭髮的人，也會留心服裝；會留心服裝的人，日常生活一定也都打點得有條不紊；而生活有條理的人，肯定能夠把工作處理得盡善盡美。

相反地，頭髮凌亂、一副不健康模樣的人，再怎麼強調「我是個生活有條不紊的人」，也沒有說服力。當然髮質好壞是與生俱來，但有沒有用心整理，一眼就看得出來。

我說的用心打理頭髮，不是要求造型要多炫，而是時時保持清潔整齊。

我個人的標準是不讓頭髮超過某個長度，但這部分就看每個人的習慣。

至於女性，一般來說頭髮比男性長，相對地占據外觀的面積又更大，應該比男性更講求頭髮的整理吧？

體型或長相無法立即改變，但髮型可以，而且頭髮是愈照顧愈漂亮的，對女性而言想必更重要。請隨時頂著一頭漂漂亮亮的頭髮，讓大家忍不住想稱讚一聲：「您今天去過美容院了吧？」

有些人過了四十歲開始冒出白頭髮。白髮有白髮獨特的魅力，當然想染黑也無妨，重要的是請務必用心打理。

用心對待寶物② 健康管理

「能力各方面都很優秀的人卻在四十歲之後走下坡，都是因為弄壞了身子。」我很尊敬的長輩友人們異口同聲如是說。

走在所謂「人生的階梯」上，一直勉強自己而損及健康的人，終將跌落；持續做好健康管理的人，則能夠繼續爬上階梯。聽了長輩們這番話，我更是深深感到身體健康對於四十歲之後的自己是多麼重要的寶物，同時下定決心：「日後我要把健康管理當作自己最優先處理、最重要的工作。」

一路打拚到六十歲、七十歲，相對地金錢方面比較寬裕了，若這時生病倒下，不是太諷刺了嗎？好不容易有時間去旅行了，卻因為得定期上醫院而無法成行，實在很悲哀。

我個人不喝酒，而且每天早睡早起，不過每個人生活方式與工作的步調不同，不能要求大家到了四十歲就戒酒。不過如果你對於工作清楚地意識到應負的責任，建議四十歲之後喝酒還是節制一點比較好。

另外，平常盡量過著規律的生活與習慣八分飽的進食，我本身不太吃肉，主食幾乎都是蔬菜，而且都吃六分飽，不過這也因人而異，請找出適合自己的生活方式與步調。

四十歲後我固定每天晨跑。這是健康管理的一部分，然後我每年一定會去做一次全身健康檢查，住院一晚，徹底檢查身體的狀況。

另外，接受公司提供的健康檢查時，我也都會自費增加檢查項目，除了必備的心電圖和電腦斷層掃描，還不忘檢查血管狀態。雖然這麼做既花錢又花時間，但是徹底檢查能讓自己安心，因此這部分花費我從不手軟。我曾因此檢查出自己沒察覺的息肉，有效掌握息肉的變化，甚至發現「多跑步改善了身體狀況」。這些都是令人開心的消息。

同樣要花錢，我覺得與其拿去買壽險，不如定期徹底做好健康檢查，才是最有效的健康管理。

用心對待寶物③　照顧牙齒

到七十歲依然活躍於第一線的人，通常在年輕時就十分注重牙齒保健。牙齒若是不健康，不但無法享用美食，對整個身體都會造成影響。

牙齒的照顧保健，再怎麼做都不嫌多。就算沒有蛀牙，到了四十歲還是得留意牙齦的狀況。雖然牙齒壞了可以裝假牙或植牙，但怎麼都比不上原本的真牙好吧……

「所以最好定期去看牙醫，照顧好牙齒喔。」

一位我非常尊敬的長輩如此強力建議我，因此在四十六歲的這一年，開始定期去看牙醫。

我的規畫是先把所有蛀牙處理好，然後做齒列矯正。

「這個年紀還做齒列矯正!?」

說來可能令人訝異，但我身邊很多人都是這麼做的。

齒列不正不但容易長蛀牙，上了年紀後還很可能壞到必須整口換掉。雖然做齒列矯正必須戴三年的牙套，但比起六、七十多歲沒了牙齒，三年根本不算什麼，加上愈晚治療，所需要的花費愈高，因此四十多歲可能是做齒列矯正的最後機會了。

此外，包括刷牙、勤用牙線、牙齦保健等等平日的自我保養也是不可或缺的。大家應該都曉得，牙醫診所多不勝數，但當中有很優秀的，也有技術普通的，建議找信得過的友人介紹會比較好。

千萬不要輕忽牙齒的重要性，這是你非常重要的一項寶物，若不好好照顧，日後吃苦頭的是自己。請好好照顧牙齒，當作嗜好，養成習慣都不為過。

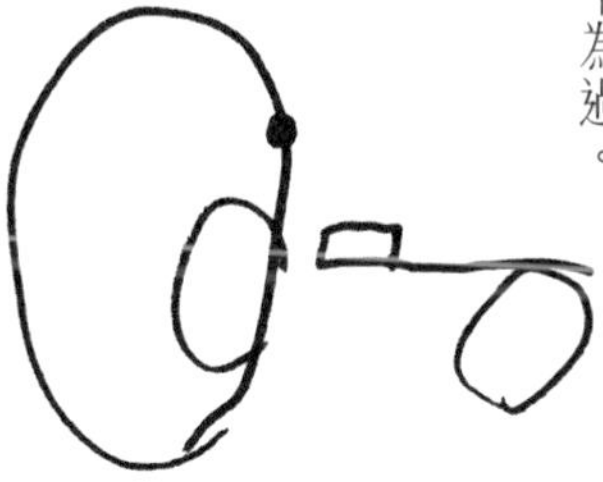

珍惜每個「謝謝」與「對不起」。
讓每個念頭與話語都滿懷真心。

第四章

引頸期盼的七十歲。

人生的巔峰在七十歲，
那麼四十歲後的三十年該如何度過？
請具體想像自己七十歲的模樣，
你認為什麼才是耀眼的七十歲？

不是「老化」，而是「陳年」

我一直引頸期盼七十歲的到來。

那種感覺就像是持續累積各種經驗、磨練自己、不斷努力建構自己的價值觀後抵達終點一般。

但當今卻是傾向「年輕至上」的時代，每個人都害怕變老，常聽聞如何駐顏之類的話題。

如果對你而言，每多一歲就相當於多了一道歲月痕跡，變老、變舊，那麼當然會恐懼年齡的增加。

但若換個角度思考，就像紅酒一樣，隨著歲月累積愈見醇厚，終成陳年佳釀，那麼年歲增長是多麼美好的事呀。

我期待七十歲時的自己，不是變老，而是變陳年。

原本「陳年（vintage）」一詞就是釀酒用語，後來用於汽車或服飾上，意指上等的古董品。

當我想法改變，決定「七十歲的我要成為陳年好物般的存在」，便滿心期待著年歲的增長。

年齡愈大，整個人愈發耀眼且身價愈高，實在令人開心。

紅酒要成為陳年佳釀，必須長時間謹慎地保持在適當的溼度與溫度的環境裡。因此必須好好思考，對人而言，什麼才是適當的溼度與溫度。

可以確定的是，我理想中七十歲的豐饒與幸福，已經不是物質層面帶來的滿足。反而是精神層面的滿足，才能帶給我豐饒與幸福，並且活得充實精采。雖然不是每個人都能成為百萬富翁，但要擁有真正的心靈豐饒，心念一轉就辦得到。

無法改變高度就努力培養氣度

我的一位女性友人，曾是叱吒一時的實業家。

當年她同時經營好幾項事業，年收曾經高達十多億圓，後來遭人背叛欺騙，時運不濟，如今已經收山，過著清貧的日子。

我始終和她保持聯絡，有幾次，她曾對我說過：

「我啊，因為忘了自己本質是個鄉巴佬，才會落得這個下場，你千萬不要步上我的後塵喔。」

根據她的說法，因為是鄉巴佬，自尊心特別強，又愛打腫臉充胖子，別人講幾句好話吹捧一下，就開心地忍不住裝闊，要借錢要出資都好說。因為是鄉巴佬，想讓人看得起自己，而一再地逞強硬撐，結果導致走向失敗一途。

我想，她口中的「鄉巴佬」，指的並不是出身於鄉下地方的人，而是深藏在每個人內心裡的自卑。成長環境、家庭背景或學歷，那些構成我們個人特質的「最根本元素」，或多或少存在著自卑情結。而她能夠如此坦然地直指自己失敗的本質所在，真的是個非常了不起的人，我打從心底尊敬她。

我們生在鼓勵每個人不斷往高處發展的世代。為了擁有理想的七十歲，我們必須持續成長，而要成長，不可或缺的則是挑戰精神。我們得時時處於備戰狀態站上起點，當機會來時不能臨陣退卻，必須勇敢踏出步伐迎向挑戰。

然而在這過程中，絕不能逞強硬撐。

更不能虛張聲勢，因為對自己毫無益處。

每個人與生俱來的「高度」，基本上一輩子都不會變的。成長環境、家庭背景、學歷等等，即便生來比人差也無法再重來。那麼與其試圖遮掩美化，何不努力愛上原原本本的自己呢？

幸運的是，我們的「高度」雖然無法改變，「氣度」卻是能夠培養的。往高處發展的努力就到四十歲為止吧，朝七十歲前進的後半輩子，重點不妨放在氣度的培養上。

要培養氣度，最好的方法就是「擁有質感與智慧」。

而要學到這兩項，首先必須以坦率的態度面對所有事物。宛如孩童般有顆透明的心，純粹地感動、純粹地感到訝異、純粹地感到開心。

如此一來，慢慢就有能力分辨出什麼才是有質感的好東西。

萬事萬物都肯定有一、兩個值得我們學習的優點。只要以一顆坦率的心看待，一定看得到事物的優點，然後以此為契機，去讀一本書，或是去聽取他人的經驗，或是當場啟程前往某處，讓自己更深入地探索學習，長久下來氣度就會增長。

當你坦率地覺得某人「好厲害喔」，不妨試著和他交朋友，對於培養自我的氣度也很有幫助。在我們一般定義的「朋友」關係當中，許多都是覺得「合得來」、「好相處」、「彼此之間不用顧忌」而交往。雖然有這樣的朋友也不錯，但在我感覺這比較像是青梅竹馬或親戚般的關係，無助於氣度的培養。我個人其實不是那麼喜歡這類讓自己安心無負擔的人際關係。

我比較想和能夠激勵自己成長的人做朋友。

所謂充實的人際關係，不正是建構在與眼界高於自己的人交往上頭嗎？

想要提升自己的層次，就要和眼界高於自己的人做朋友，然後從對方身上學習。我覺得有這樣的認知，對培養氣度很重要。如此當遇到自己憧憬的人，想要和對方交朋友，自然就會為此而努力。

另一方面，通常這些優秀的人都非常忙碌，自己也不可能隨隨便便開口約對方見面，勢必得做好一定程度的事前準備，這也是提升自我的關鍵。

「什麼樣的自己才可能和這位優秀的人交朋友呢？」當你開始思考這一點，就會努力讓自己變得更好，而且帶著些許緊張情緒與對方見面，才能學到更多的東西。

定出「自己的格式」

認清自己的「高度」然後努力培養「氣度」，這時最好能夠有一套「自己的格式（生活風格）」做根據，就像職業選手要擁有自己的格式，才能夠持久活躍於體壇，是一樣的道理。制定出自己的格式並不難，不妨想成是為規律的作息生活拉出時間表即可。

首先問自己三個問題：

「如何才能學到優質的事物？」

「要精進已學得的優質事物，自己必須做什麼？」

「要保持身心健康，自己必須做什麼？」

仔細思考後，將得出的答案納入自己的習慣之中。

例如你的答案是：「要學到優質的事物，必須多與各界人士見面交流。」

那麼就訂下如此的行程：

「每星期和一名初識的人共進午餐＝本週的星期二和○○先生午餐。」
「每個月和朋友碰面一次＝下個月○號六點，在餐廳和○○先生碰面。」
確認好對方的時間，也預約好餐廳之後，便記到記事本上。
又例如你的答案是：「要精進已學得的優質事物，必須多接觸大自然。」那麼就訂下行程：「下班後去公園散步」或「這個週末去海邊走走」等。
這些行程不見得要多麼難得的大計畫，比較像是把行程安排進自己的規律作息當中的感覺。諸如看電影、讀書等一般計畫也無所謂。訣竅在於盡早排進行程表裡，尤其關於「保持身心健康必須做的事」，更應該當作每天的固定行程早早記下來才是。
「我這麼忙，工作以外的時間很難事先確定下來呀。」
過了四十歲的人還這樣，其實有點說不過去，又不是突然叫你明天就要空出時間來。這樣一直都是以工作優先，連兩個星期後的行程都無法自由安排的生活，頂多拚到四十歲就很足夠了。
我們常聽到一句推托之詞：「等哪一天有空的時候……」但人永遠都不會

有空閒的。到了四十歲，要是都無法精準安排自己的時間，也就無法定出格式了。因此面對諸多事情，請先決定出優先順序，大原則的生活態度就是將所有關於自我投資的計畫都排在第一順位，依此定出自己的格式。

我一直以來，最先寫進記事本裡的，都是能夠樹立自己的風格、同時讓我保有規律作息的自我投資規畫。

例如我先訂下「這天要去理容院」，接著就能安排每兩星期一次的理容行程。又例如因為我提早排定「這天要去看牙醫」的行程，那麼自然能有效率地盡速完成其他的工作。

「這天要去看電影」、「這天要和朋友共進午餐」等等，如果事先訂好休閒娛樂行程，也會因為期待，而工作起來更有幹勁。

我平日固定在五點半結束手邊的工作，也是因為接下來都還有行程。不過我幾乎每天都不安排飯局，因為我們松浦家有個規矩，那就是「晚上七點在家吃晚餐」，這是我們家人共同的決議，也是我非常重要的一個行程。

晚餐之後是我的讀書時間，因為這對我而言是不可或缺的自我投資。但接下來還有洗澡等等行程，我把讀書時間訂為一個小時。此外，我每天固定十點就寢、五點起床，以上就是不論發生什麼事都不會改變的「松浦彌太郎的格式（生活風格）」。

正因為我有如此規律的生活格式，才能讓我有時間學習外語或和朋友吃飯。例如目前我同時在學三種外語，早晨還在上一對一的教學課，要是沒有早起的習慣，根本無法空出自我投資的時間。

此外，我擠得出時間和朋友吃飯，是因為有規律的作息，並且盡早完成原本該做的例行事項。我每次都很期待和朋友吃飯，但總不忘事先叮嚀餐廳的人盡快上菜。我沒打算和朋友續攤，但也不是因為我急著要進餐，而是我覺得有效率、利落地用完餐，就非常盡興了。

如此規畫時間，就能夠訂出自己的格式了。

找出「耀眼的七十歲」的典範

「啊，我也想變成那樣的人！」

當出現讓自己打從心底這麼想的人，七十歲便成了令人引頸期盼的存在。

我認識好幾位「耀眼的七十歲」的典範，從具體的牙齒保健方法到抽象的人生觀，我總是從他們身上學到了許多許多。

我就曾經透過書本，結識了非常了不起的朋友。

某天，我突然收到一封信，信上寫著：「我讀了您的書，是您的書迷。」對方同時在信中自我介紹，說明他是什麼樣的來歷，從事什麼工作等等。

「我從松浦先生的書中得到了啟發，真的非常開心。」

之後我們開始書信往來，最後還碰了面，是一位相當耀眼的七十幾歲前輩。就這樣我們成為了朋友。

他最厲害的一點就是，每天二十四小時都在思考：

「自己能為他人做什麼呢？做哪些事情能夠讓他人感到開心呢？什麼事情能夠帶給他人幸福呢？」

他關心的從來不是自己，而是時時刻刻體貼他人，耀眼的姿態令我尊敬不已。

他身為某頂尖企業的高層，每每進公司的時候總會問員工：

「有沒有我能做的事？有什麼我幫得上忙的嗎？」

而且這份渴望幫助人的心意不僅針對公司的人或客戶。

他無時無刻不在思考，自己對身旁的人、鄰居、社區自治會能貢獻些什麼？對於公車司機、車站站員、超市工作人員等等每天碰到面的人，自己能提供些什麼？

他每天滿腦子都想著「如何付出」，偶爾煩惱「自己究竟該怎麼做才好？」

每天清晨五點，他便著手打掃環境，從自家門前、左右鄰居、對門，一路打掃到整個居家周邊。

不僅如此，每當和人打照面，他總是和氣地主動打招呼。在門前打掃時，看到上學去的孩子一定道早安；遇到回收垃圾的清潔人員，也會向他們逐一道謝。

上班途中，他也會誠心誠意地對公車司機說：「謝謝，辛苦你了。」起初對方有點嚇到，但打招呼這個舉動給雙方帶來的愉悅，很快便感動了對方。

他明明是年收入上億的菁英，卻絲毫沒有架子。

「今天啊，我打算送出這樣東西，希望對方開心。」

看著他的雙眼閃耀著光輝，笑咪咪地述說著。我打從心底佩服：「怎麼會有這麼耀眼的七十歲前輩！」然後憧憬不已。「我有朝一日也要成為這樣的人！」

他非常忙，但每次和我見面前總會認真思考：

「今天和松浦先生碰面，我有什麼能夠給他的？」

他的付出不一定是物品，有時候是對我有所幫助的建言，有時候是人生智慧，或是讓我感到開心的事。

偶爾幾次我們一碰到面，他便對我說：「松浦先生，真的很抱歉，我今天沒有送給你的東西，下次碰面前我會想想送你什麼好。」真是讓我感到過意不去。

「能夠和您見面聊聊天，我就心情好多了，這對我來說就是最大的禮物了。」

但即便我這麼說，時時思考著「give」的他依然無法釋懷，因為他的思考邏輯不是「give and take」，而是「give and give」。

他從不考慮利害得失，只是一味付出，反而得到數十倍的回饋。因為金錢或運氣都是具備這種循環性質的東西。

我想，他因為認為「自己從社會得到的遠遠多過於付出」並試圖回饋於社會，正是他成功的原因。

他教我了一個非常簡單的「心想事成」的方法。

「有願望是件好事。那麼首先你該把想要的東西給予別人，這麼一來那樣東西很快就會來到你身邊了。」

每次聽到他說這些話，更加深了我對自己的期許：「有朝一日一定要成為這麼耀眼的七十歲！」

大方地為他人付出

不擺架子。

對待任何人都抱持著這個態度。

耀眼的七十歲長輩們，因為從不認為「自己是絕對正確的」，所以總是非常謙虛。

我們都應該學習，遇到不懂的事便坦承「我不懂」，並且能坦率地請教他人。

我有位透過書信認識的七十多歲朋友，他的興趣是駕駛遊艇四處旅行。有一次他直率地問我：「松浦先生，我這次打算去倫敦待一個月，你有沒有值得推薦的好地方呀？」

我聽了也絞盡腦汁思考，把我喜歡的倫敦飯店、餐廳和景點都告訴了他，結果他真的去投宿我推薦的飯店，也照著我推薦的景點遊玩，旅途中還寄照片給我，說他玩得非常開心。

當然，我從他身上學到的東西遠遠多過我能夠推薦給他的，但他對於年紀相差甚遠的後輩的建議依然直率地聽進耳裡，正是這個人的魅力所在。

他身邊的朋友擔心開遊艇有風險，常勸他別開了，但他的好奇心依舊旺盛。工作方面，也有人勸他退休，但他仍然繼續工作，理由是：「我還有想為人們做的事。」

他態度謙遜，而且有著未竟的心願，所以能夠繼續人生的冒險。

再來看到七十多歲神采奕奕的女性前輩，給人感覺總是比年輕人還要年輕。永遠精抖擻，更重要的是態度落落大方。

不論穿著品味、待人接物，她們總是大方展現出毫無矯飾的一面，顯得無比耀眼。每次我見到這樣的女性都覺得很佩服，她們最迷人的地方就是一點都不裝模作樣。

最近有一位讓我覺得很耀眼的女性前輩，身為企業經營者的她非常迷人，個性落落大方，年齡超過七十歲了，仍然相當有活力。

今年夏天她策畫了一場庭園餐會，我有幸受邀前往。場子上，她始終笑容滿面，大方地與賓客談笑，最厲害的是，沒有壓迫感，把在場的人照顧得無微不至。

像是她因為擔心獨自前往的我感到無聊，特地拉了人過來介紹給我認識，而且不只是介紹而已，她還大方地、詳細地向對方說明松浦彌太郎是怎樣的人，對她而言又是多麼重要的朋友。

她沒有說：「這位是《生活手帖》的總編輯，松浦彌太郎先生。」而是介紹：「這位是我非常重要的朋友，請你也多多指教喔。」多虧她的引薦，使得我和初次見面的人也有了非常充實的對話。

她的體貼之處不止這些，當餐會進行一段時間後，她翩然來到我身邊，倏地悄聲對我說：「松浦先生，你先離開也沒關係喔，不用跟大家打招呼了，就若無其事地先回家休息吧。」

她曉得我在餐會這種場合總是不太自在，又不會喝酒，而且還習慣早睡早起。

即便身為餐會的籌備人，她完全不在意餐會是否能夠在眾人的全程參與下圓滿落幕。多虧了她謙和的體貼，不習慣餐會的我才能夠度過一段愉悅自在的聚餐時光。那個夏日午後讓我再度下定決心：「我七十歲的時候也要成為如此耀眼的人！」

此外，她還非常勤於提筆。我自認為算是常寫文章的了，卻遠遠不及她的勤奮。作家桐島洋子女士也是非常耀眼的七十多歲女性，她曾說：「若說我有任何一丁點成就，原因無他，那就是勤寫文章。」

桐島女士二十歲時就已經在《文藝春秋》雜誌工作，當初工作的契機卻是她寄給友人的一封信。友人的父親是《文藝春秋》當時的編輯——作家永井龍男先生，永井先生讀了寄給女兒的信，對於寄件人的文筆驚豔不已。最初以總務職位錄用桐島女士，後來桐島女士回給讀者內容親切周到的信得到上司的肯定，才有機會轉往記者的職務發展。

寫信這回事常令人有些猶豫，因為把內心所思化為白紙黑字，多少會感到害臊。但說不定，能夠大方寫下心裡所想，正是這些大前輩們永遠耀眼的祕訣。

向前輩學習「大人的豐饒」

我一直深信，好奇心相當重要，因此每當遇到耀眼的人生前輩，我總會厚著臉皮抓住人家問東問西。

例如和長輩用餐時，看到對方穿著縫製精良的西裝，我便當場問道：「請問您這套西服是在哪裡買的呢？」大人的豐饒在網路上根本查不到資料，直接開口問最快。

「這套是在〇〇西服店訂做的，那家店每年會從義大利進一次布匹，我都挑那時候去選布。」

聽到他的回答，我腦中的想像更有畫面了……

「有機會我也要訂做一套自己的西服！」我也同時學習到：「果然真正質好的西服不能買現成的。」

當你踏入大人的世界，有那麼一天，價值觀會倏地有了一百八十度的轉變。

「得把手邊的東西都整理一番。」之前覺得很棒的東西，到了某個時間點，你會突然覺得怎麼看都很孩子氣。

然後自然而然地認為：「我也該進入下一個階段，換上適合大人的穿著打扮了。」

這正是往上爬一階的最佳時機，雖然站上新的人生舞台難免徬徨，但這些豐饒的大人、耀眼的七十歲人生前輩就是我們最好的指標。

向前輩請教時，不必覺得抱歉或有所顧慮，儘管放膽詢問，然後大量地學習。

我打從年輕時就交了許多長輩朋友，常有長輩對我說：「我是那家西服店的老主顧，要不要一起去逛逛？我買一套西服送你。」

年輕時候的我只想著不能這麼厚臉皮，連忙謝絕長輩的好意：「那怎麼好意思，不用啦、不用啦，西裝我自己買得起，我也在工作賺錢呀。」

後來有一天我突然發現這是非常失禮的態度。對方內心當時應該在嘀咕：「是嗎？真是遺憾，我還在想讓你穿穿看真正好的服裝，從中多學點東西呢。」

婉拒有時候等於是不給對方面子，因此當下應該開心地接受對方的好意。換句話說，要得人疼就要懂得給對方面子。

到了現在，每當有長輩說要買西服給我，我都會開心地接受。因為我明白到，大方接受才是回應給對方最大的敬意。

我的長輩朋友當中，有一位曾經做了一件非常瀟灑的事。他在我生日時送了訂製西服的禮券給我，因為他記得我們曾聊到訂做西裝的事。

這份禮物可是由一流的裁縫師傅幫我量身訂做全套西服呀！面對這份豪華大禮，我高興之餘也不免猶豫了起來：「怎麼辦？我能收人家這麼大的禮嗎？」

但是我想到，做個得人疼的晚輩就是對長輩最高的敬意。對方既然願意分享他大人的豐饒，我就該讓他盡興地傾囊相授才是。而且這位裁縫和長輩是老交情了，由如此資深的裁縫師傅幫我量身訂做衣服，一定能從中學到許多。於是我決定接受好意，和長輩一同前往西服店。

包括挑選布料，仔細地量尺寸，「想要什麼樣的鈕釦？口袋呢？打褶的部分呢？」在與師傅討論細節、規畫一套最適合我的西服過程中，我學習到了許多事物。而且試樣也不是一次就搞定，到縫製完成，花了將近半年的時間。每次去到店裡，對我而言都是非常珍貴的課程。

至於帶我到西服店的那位長輩，打從看著裁縫師幫我量尺寸時便一直笑容滿面，必定是他原本就喜歡送人東西，加上我接受餽贈讓他臉上有光的關係吧。他甚至對我說：「今天很謝謝你啊。」我嚇了一跳連忙說：「該道謝的是我呀！」

當我心懷感謝、厚著臉皮學習大人的豐饒時，總會心想：

「如此的大禮，我要是獨吞，會遭報應的。」

我從前輩的餽贈當中學習到的事物，勢必要有所回饋才行。

我能為對方做的事，是什麼呢？

要回饋這份豐厚的禮物，我又能為社會或身邊的人做些什麼呢？

這些問題的答案，正是學習大人的豐饒時應該付的「學費」。我暗自下定決心，有一天一定要把收到的大禮一分不少地回饋出去。

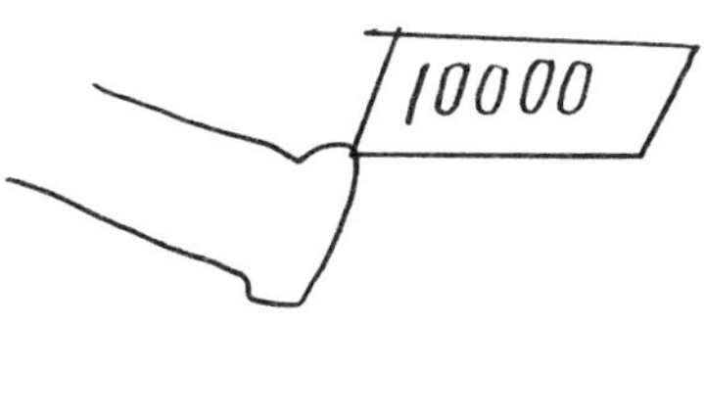

以父母為學習範本

在想像七十歲的自己時，必須考慮到老年時期的觀點。冷靜地預想自己會怎樣地老去也是很重要的。

而最佳的參考範本，便是自己的父母。照顧父母的老年生活很重要，但同時你可以仔細觀察，並深入理解老年生活會遇到的狀況。

因為父母是最接近自己的研究個案。

「到了這個年紀，無法做這件事的時候，該怎麼處理？」

「在還沒到這個年紀之前，應該先把這些事學起來。」

除了觀察健康狀態，手邊的金錢還有多少可用？擁有哪些財產？應當珍惜哪些事物？透過深入觀察父母，確實掌握自己老年生活可能發生的狀況，也就能夠知道事前該做哪些準備了。

坊間出版了許多關於「如何為老年生活做準備」的書籍，說不定我這本書也會被歸到這個類別裡頭吧，只是，這類書上寫的大多是一般論，不見得全部適用於自己。此外，不論書上寫了再好的建議，自己如果沒有切身感受，這些知識學也學不來。

因此，我建議男性觀察父親、女性觀察母親，從父母身上切實地感受與想像，如此一來七十歲的樣貌肯定會更加鮮明。

當我們四十歲左右時，雙親大約是七十多歲。我發現，這個時期大家通常都還不太關心父母的狀況。

一方面四十多歲的自己正是忙於工作與孩子的時期，又或者因為難過或不忍看到原本健朗的雙親日漸衰老的模樣，很多人因此別開眼睛不敢面對現實。

觀察父母，某種程度是有點殘酷。因為自己的父母不見得是「耀眼的大人」典範。然而不論雙親處於何種狀況，他們還是值得參考的範本。只要用心觀察，一定能夠從中學到東西。

例如父母在健康層面與金錢規畫方面完全沒有提早為老年生活做準備。現在出了狀況，身為兒女的你一邊照料他們的同時也會明白到，「為了讓老年生活不虞匱乏，我該先做好準備。」又或者你的父母非常深思熟慮、有遠見，老早就把老年生活安排妥當，你也能從中學習到：「對喔，提早做準備很重要。」

我出社會到四十歲之前，幾乎很少和父母碰面。

因為我二十歲左右就離家外出，偶爾返鄉和父母見到面時也幾乎沒有對話，雙方都很靦腆，不知該開口說些什麼。

然而四十歲之後，我開始定期回去看兩老，努力維繫這份血濃於水的親子關係。

常常關心他們錢還夠用嗎？身體狀況如何？現在最重視哪些事物？

對哪方面感到不安？擔心哪些事情？對哪些事感到恐懼？

我定期探視雙親，帶著「未來的自己就在那兒」的心情，努力去了解他們的生活細節，我想這些都是唯有父母才能教給自己的珍貴課程。

當然有些事是即使碰了面也無法得知的，父母自然有他們不想讓兒女知道的事，但是我們做兒女的面對這些糾結，只能努力一點一點去解開，別無他法。

如今我每次回去探視兩老，都會發現許多驚喜。我父親年輕時是個非常強勢的大男人，但上了年紀竟成了一個和藹謙沖的老先生，講話總是客客氣氣的，不論對方是年輕人或小孩子，一律使用敬語，也絕對不用命令語氣，看到父親如此謙遜的姿態我不禁大感佩服。

後來仔細回想，發現我的祖父和曾祖父也是如此。一想到我們松浦家族似乎有隨著年紀增長個性愈趨穩重的傾向，不知怎的忽然覺得很安心。

目標不是變老，
而是變陳年。

四十歲以後的人生目標，
不再是接受他人的付出過活，
而應該思考對於他人或社會，
今後自己能夠付出。
我想要持續對人、對社會有所付出。

第五章

從「受」轉為「施」。

四十歲是「付出人生」的起點

我常在想，人的一生說長不長、說短不短，能做的事似乎很多，又好像很少。

但若因此人生得過且過，就是本末倒置了。如果短暫的人生只夠做少許的事，那麼終其一生，即使只有一件或兩件也好，我想為他人做點什麼；只要人們有求於我，我都想給予回應。我覺得一味為自己而活的人生太寂寞了，而且一點也不快樂。

因為，每個人自身的夢想與欲望其實非常渺小，很容易就能滿足了，我們少有機會從中得到「我達成目標了！」的狂喜，甚至只會感到有些掃興：「啥？這樣就辦到了喔？」

反觀，不論是為他人付出或對社會有所貢獻，都是一條無止境的路，而且正因為目標永無達成的一天，更值得努力去做。

四十歲前為自己而活已經很足夠了。四十歲之後，是不是該來調整人生的努力方向，開始為他人付出呢？

前幾章也提過，四十歲之前我們接受了他人許多的付出。不論是來自公司、家人、朋友、伙伴，我們得到了太多太多。但由於自己還不夠成熟，幾乎都在學習階段，能夠給予他人的其實很少。

可是我們不能永遠都長不大。四十歲以後，應該清楚地告訴自己，「施」比「受」更有福。把對身邊的人、認識的人以及社會的付出定為今後的生活目標。「請給我○○。」這種只有「want」的人生是不會有甜美果實的，一味向他人、向社會伸手要東西，這樣的人生實在是太荒蕪了。

促使我們想要付出的動機就是感謝之情。我們在製作個人年表和清點所有物時曾經回顧過往，相信大家都察覺了這一路接受了無數人的付出，而當下心中所湧現的感謝，就化為實際行動吧。

現在就轉舵，從「受」的一方轉向「施」的一方。

從不為人知、微不足道的體貼做起

「想要為他人做點什麼。」

當你決心要付出時，有一點很重要，那就是不要淨想著要做多大的付出，像是捐出大筆捐款、當志工、開發足以改變世界的大事業或偉大發明。我個人認為，「對他人的付出」不見得一定要是這麼高調的偉大貢獻。

沒錢的話不可能捐款，沒時間的話不可能當志工，足以改變世界的偉大發明或事業也不見得每個人都做得到。

「那我什麼都沒辦法付出了嗎？」

要是因此放棄付出就太悲哀了。請換個角度思考，把目標放在細微的付出上頭吧。

日常生活當中，自己能付出的是什麼？

與身邊親友的相處之中，自己能付出的是什麼？

認真一想，其實我們還有很多能做的事。例如讓人心頭暖和的打招呼、一個體貼的舉動等。即便只是安靜地開關門、優雅地放下東西，都能將你的貼心傳達給周圍的人，同時觸發對方心中的溫暖情緒。

要是覺得說「付出」太沉重，不妨想成是「體貼地對待自己以外的世上一切事物」。

請默默地從不為人知的體貼行為開始做起。

在你做出這些行為的同時，你會發現心情也跟著溫暖起來。微不足道的體貼也能讓自己感到幸福，變得更有能力親切待人。

例如使用公司廁所時，順手擦去洗手檯上的水漬，或是整理傘架。清理家中的垃圾，順便整理一下居家附近的垃圾收集場。這些都是簡單且立即可做的小小付出。

雖然是微不足道的付出，光是能夠做出不為人知的體貼舉動，就表示你已經從「受」的一方切換到「施」的一方了。這是自從我有意識地力行不為人知的體貼舉動後，深刻體會到的道理。

滿足「對方的需求」

習慣微不足道的付出之後，讓我們來練習難度高一點的付出吧。再怎麼不虞匱乏的人，仍然會不斷地向外尋求任何方面的幫助。而我們要對他人付出，當然必須掌握對方想要的是什麼。

「日常生活中，人們都追求什麼？想要得到什麼樣的幫助？對什麼感到不安？」

當你思考這些問題，得出自己的答案後，可以藉著你的工作把所能付出的事物傳遞出去。

像我就是透過做出版、寫書與經營舊書店回應他人的需求，當人們從我的工作表現當中發現自己所要的答案並為此感到高興，就是我最大的幸福了。

我深深覺得，所謂工作的成果並非以「我做了這麼多」的量來衡量，也不是以「我都這麼努力了」的個人情緒來定義，而是決定於：「有多少人為此感到開心？有多少人因此獲得助益？」

若透過工作能夠幫助到他人，那正是無上的喜悅。個人這個小小的齒輪如果無法融入巨大社會機械的運作當中，工作是不會成功的，而人生也將形同空轉。

我有個朋友是廚藝相當了得的大廚師。他非常熱愛他的工作，每天從清晨到晚上，長時間工作也不覺得累，持續研究開發美味的料理。有一次他對我說：

「我一直都很努力工作，業績卻不理想，為什麼呢？我真的不懂。」

面對煩惱無助的友人，我能為他做什麼呢？於是我思考了一番，這麼對他說：

「要不要試試看把蛋包飯加進菜單裡？」

友人開的可是道地的法式料理餐廳，我這個提案乍聽有些唐突，但我想傳達給他的是：「要不要試試看把客人想要吃的、吃到會很開心的料理加進菜單裡？」

這位專業廚師有著料理人的堅持，對於法式料理的狂熱與執著也顯現在菜單上。客人一翻開店裡的菜單，光看料理名稱就能理解的菜，一道也沒有。

我想，看到以片假名與法語寫著「A LA ○○○」或「○○○風味△△的××醬汁」，會覺得「噢，好像很好吃，我想點這道！」的客人，其實寥寥可數。

但是，若是菜單上出現「蛋包飯」三個字，幾乎所有人都能立即想像出蛋包飯的樣貌。熱騰騰的白飯上頭鋪著柔軟滑嫩的黃色蛋包，絕妙的美味在想像中擴散開來。這樣的畫面當然就會誘發「想吃蛋包飯」的心情了。

正因為他的廚藝了得，對於料理的狂熱與堅持反而成了他的絆腳石。對他而言，「我只端出頂級料理」的堅持大過於「希望客人吃得開心」的心情，這樣客人當然不會開心，業績也就難有起色。我坦白地告訴他我的看法。

此外，他的餐廳不但裝潢時尚，服務生也是精挑細選過的，說不定這也讓客人產生「不敢踏進那麼高級的店裡」的無形壓力。

「我們工作並不是為了自我滿足，你要不要試著換個角度思考呢？」

不愧是聰明人，他聽完之後深深地點了頭，應該是聽進心裡了。

人雖然有追求精致事物的傾向，實際上卻要面對比自己品味稍低一點的事

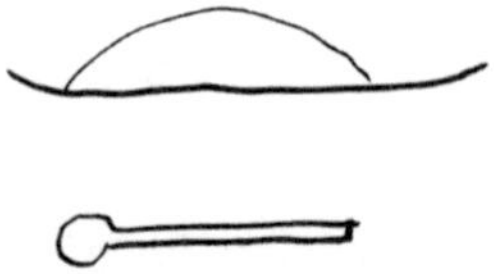

物才能感到安心。他們通常希求的是感覺熟悉的事物。這一點絕對不能忽略，付出應該要符合對方想要熟悉事物的需求。如果還能夠加上一點超乎期待的什麼就更好了。

例如開一家餐廳，建議不妨走類似家庭餐廳的路線。

「家庭餐廳」人人都知道，在裡頭用餐非常自在，不但可以全家大小一同前往，又不必費心打扮，穿著一身居家服也不需在意他人眼光。家庭餐廳就是提供了這麼一個能夠安心用餐的環境。如果餐廳從裝潢到菜色都參考家庭餐廳的設定，走大眾路線，但料理的口味則比一流餐廳的餐點還要美味，那就太棒了。

滿足對方需求，不是一廂情願提供最高檔的事物，而是能夠體貼地讓對方處於不緊張、不拘謹的狀況下，同時送上好東西，才是提供了真正的滿足。

做「讓很多人感到開心的事」

我那位廚師友人一直很努力卻沒能得到對等的回報，還有一個原因是：他沒有取悅多數人。他店裡的料理一端出來，所有美食家都為之開心不已，但實際上身為美食家的客人並不多。

「你覺得吃了你的料理感到開心的客人大概有多少人？」

聽到我的問題，他沉默了好一會兒後回道：「大概兩百個人吧。」

因為你的付出而感到開心的人數與收入成正比，好比好萊塢巨星拍片之所以能夠賺得天文數字的進帳，是因為電影一上映，能夠讓全世界好幾百萬人看了片子而感到開心，換句話說，電影公司針對人們「想要看到好看的電影」的需求，大手筆地付出，於是回饋便以金錢的形式循環回到了拍片的人的手上。

「我的付出是否能夠讓許多人感到開心？」

不去思考這一點，地位與收入都不可能提高。蛋包飯所象徵的「讓許多人感到安心的餐點」，換個說法其實就是「讓許多人感到開心的東西」。如果我的廚師朋友的菜單上出現了超好吃的蛋包飯，要讓喜愛他的料理的客人從兩百人增加到四百人、甚至八百人，應該都不是難事。

透過工作讓自己有能力做到的事去造福世人的需求，這也是「付出人生」的一種練習。所以千萬不要讓人生空轉，努力讓更多人因為你的付出而感到開心吧。

起初可能只有一百個人感到開心，接著三百人感到開心，慢慢地增加到五百人、一千人，在這過程中你自身的社會評價與信用也將隨之提升。以結果來看，你有了更高的地位、更多的收入，又能夠以更大的格局對他人付出。

從四十歲到迎向人生巔峰的七十歲，請期許自己能夠以愈來愈大的格局為社會、人類付出。至少我是每天都在認真思考著這件事。

當然，有些人的生活之道是「活出自我風格」、「只要對身邊的人付出就好，懂我的人自然會明白」，這我非常能夠理解。

因為我在四十歲之前也是這麼做的。身邊的人因為我的付出而感到開心，但其實說穿了，那只是發生在世界某一角落裡的事。四十歲之前的我拚了命地想做出個樣子，說什麼都要貫徹自我風格，我的付出都只限於與我有共同價值觀的朋友。

直到有一次，某位作家朋友這麼對我說：

「不管什麼樣的書，賣不出去都是白搭；寫的內容再怎麼了不起，書不賣也沒用。」

他是個非常有原則的人，簡直是賭上性命在做好書，然而遺憾的是，他的書始終賣不太好。

「我懂了，賣不好就不算是好書啊。如果真的是好東西，世人應該都搶著買吧。說穿了，覺得是好書的，只有我自己啊。」

真是一語驚醒夢中人。

雖然不是要鼓勵諂世媚俗，到了四十歲，我們是不是差不多該拋去自我的堅持了？往後的人生，應當優先考慮去做能夠讓多數人開心的事才是。

當我慢慢從這個角度思考事情，我發現有種世界豁然開展的感覺。

我想不只是我所從事的工作，舉凡上班族四十歲過後，思考並學習不同的付出方式，也是非常重要的。趁四十歲剛開始，將原本只關注內部轉至外部。這麼做雖然需要勇氣，但一旦下定決心，接下來迎向七十歲的生活方式以及世間對你的評價也將隨之有正面的改變。

我在構思《生活手帖》企畫案的時候，總會前往百貨公司的食品賣場或購物中心等人群聚集的地方。我成天都在思考，一般人會因為什麼事感到開心呢？搭電車的時候，我也會尋思：「如果要讓這輛車裡的乘客感到開心，不可或缺的是什麼？」

簡言之，這是選擇的問題。如果你覺得「我不需要金錢、地位或社會信用」，選擇走自己的路當然無妨。但如果你想要得到這些東西，勢必得為多數人的需求付出服務。要走自己的路又同時取得金錢和社會信用，是不可能的。

無論如何，重點在於盡全力付出，而且確實讓他人感到開心。俗話說：「盡人事，聽天命。」但盡人事並不是件簡單的事喔。

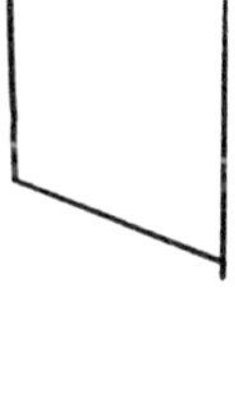

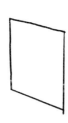

在一流的餐廳「學習付出」

四十歲以後開始知道要付出，我常提醒自己不要忘了一件事——過去接受長輩的恩惠，今後要回饋給後輩。

最初我們不妨這麼做：帶後輩到一流的餐廳，請他吃高級大餐。

在一流的餐廳裡請年輕人吃飯，並不只是單純地「請人吃一頓好吃的飯」。「世界上有這麼棒的料理、這麼好的服務喔。平常你一個人應該不可能踏進這麼高檔的餐廳，希望你藉著這次機會盡量地學習。」

我抱著如此的心情請年輕人吃飯，雖然所費不貲，若能藉此換得在自己喜愛的餐廳度過寶貴的時光，花費一點也不算高。

不過不能只是查一查美食指南就決定餐廳。要對他人付出，首先自己必須先做好功課「學習付出」才行。

我本身因為十幾歲就步入社會，身邊圍繞的幾乎都是我的前輩，常常被他們被帶去老字號的經典名店吃飯。當年我還是個小毛頭，很多規矩都不懂，真的是一路狠狠地被教導過來的。

從前我就是這樣透過出入一流餐廳學得社會經驗的。但如今變成了帶人到餐廳的立場，思考的又是不一樣的事。

到了四十歲，我決定要找幾家相熟的餐廳。彼此有一定的信賴關係，不論我何時前往都能讓我不失面子，也願意聆聽我的要求。

經過多次失敗並不斷學習、尋找後，現在有些餐廳即便我臨時要求：「不好意思，我的朋友共三人很想在你們那邊用餐，之後我會買單，能夠幫他們留個位子嗎？」店家也都願意招待我的朋友。

至於要挑選什麼樣的餐廳，第一，從曾經被前輩帶去用餐的餐廳中挑出讓自己感到無可挑剔、感動不已的店家。第二，自己好奇，一吃成主顧的餐廳。手邊的清單當中，包括平日隨時可去、深知自己脾氣的餐廳兩、三家；適合一星期去一次左右的餐廳兩、三家，然後是一季一次的超高檔餐廳兩、三家，有這些候選餐廳在，應該就能安心了。

自行開發好吃的餐廳，得花時間與金錢，但這筆花費絕對不要省。

新開發的店，帶朋友前往之前一定要先親自消費過。如果只是在找平日可去的店，在午餐時間探路也無所謂。如果是一流的餐廳，務必在晚餐時段獨自前往試餐，而且要點正式套餐。

我每一季都會找一天帶上年輕後輩，前往清單中排名第一的名店中的名店見識。我發現，這些高檔餐廳的客人有不少都是獨自來用餐的男性。但他們不是來開發熟店，而是為了提升自我所做的自我投資。這些男士每一位都打扮得體、謙和有禮，從他們身上絕對看不到發酒瘋的醜態。就我的觀察，愈是高檔的餐廳，獨自一人前往消費的客人愈多。

至於如何與一流餐廳建立信賴關係？曾有前輩教我以下訣竅：與其每星期都到店裡小小地消費一下，變成常客，還不如一個月一次定期前往，而且每次都點當月店裡最推薦的高級料理。

對我而言，帶年輕一輩去一流餐用餐正是「自己的格式」的一環，變成了我的固定行程。現在只要思考著下次要帶誰去吃飯，就會讓我雀躍不已。

這些一流餐廳，通常在用完餐要準備離去時，還會不忘送上小禮物給我的後輩，幫我做足了面子。所謂的熟店，不就應該這樣貼心嗎？身為付出的一方，看到餐廳的人對自己帶去的朋友一視同仁地提供頂級服務，我想再也沒有比這更開心的事了。

不但我帶去的後輩會很感動，等他們到了一定的年紀，想必也會帶年輕一輩去見習吧？老字號的一流餐廳，說不定就是如此才得以永續經營。

在學習「付出」方面，我還是個初出茅廬的新手。直到現在我還是常有機會和前輩一同進餐，也常常被他們請客。我大概算是介於新生代和資深前輩之間的中生代吧。話說最近，我和前輩之間有了一套新的規矩——「輪流請客制」。

「這次由我負責決定餐廳和買單，下次再麻煩您。」

如此一來，不但雙方不必顧慮對方，我也能夠在不失禮之餘，請前輩吃飯，甚至還能互相交流名店資訊呢。

四十歲不可不知的「一流餐廳的禮儀」

在此我將歷經無數次失敗與丟臉經驗所學到的「一流餐廳的禮儀」，整理下來提供給各位做參考。

一、服裝

雖說前往一流餐廳不一定要穿得多高級，但請不要穿牛仔褲或者休閒服，做一般打扮搭件外套即可。不要穿球鞋。穿襯衫請穿熨過的。女性的話，只要謹記「所搽的香水，香味不要影響到料理」，其餘合乎常識的打扮應該都沒問題。另外有一點很容易被忽略，那就是不要大包小包的帶進店裡。手邊行李愈少愈好。雖然體貼的店家會幫客人寄放，還是請盡量精簡到只帶必備的東西才顯得懂禮儀。

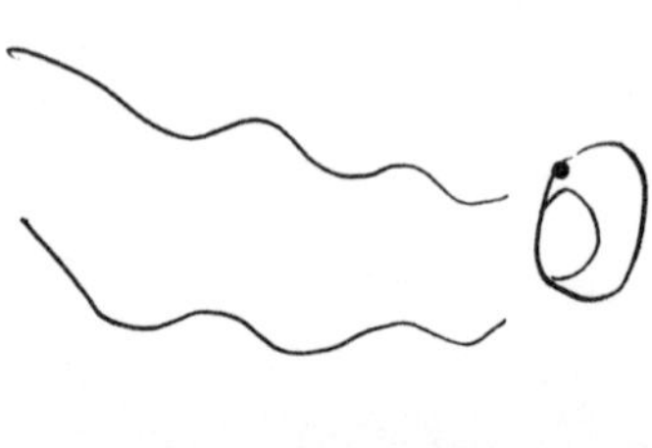

二、言談

不要大聲說話，這是最基本的禮貌；另外，不要聊自己的輝煌戰績，絕對不說他人的壞話，也請嚴守這些基本規矩。一流餐廳聚集的都是一流人士，不可破壞店內的秩序。不要聊「最近工作還滿順利的」等炫耀類的話題。你能夠定期前往一流餐廳，等於已經說明了你的生活一切順遂，沒必要刻意搬出來自誇。不要出聲叫住店內的服務生，我曾經傻乎乎地對服務生喊道：「不好意思！」被帶我去店裡用餐的前輩斥責了一頓：「別這樣叫人，很粗俗。」一流餐廳的服務生自然會察言觀色，即便客人什麼都沒說，也會在適當的時機主動過來招呼。若服務生遲遲不出現，就表示是店裡的人正忙，分不開身。

三、舉止

絕對不能因為自己是常客，就擺出頤指氣使或驕傲的態度，請保持禮儀、有氣質的舉止言行。四十多歲的人應該都曉得，用餐之間是不可以去上廁所的。至少要等到餐點用完或在入座前先解決。用餐途中離開座位，等於拋下同桌自己招待的客人。另外，近年許多人會拍下餐點的照片。對店家而言因為可達到宣傳效果，他們通常不會阻止，但前往一流餐廳時，要懂得有時這類場合並不適合掏出相機東拍西拍。

四、用餐

用餐的節奏掌握非常重要。一流餐廳會在最適當的時機將料理端上桌，有熱食、冷盤、溫食等等。每當一道料理下肚，稍事休息，而想品嚐下一道菜色的念頭才起，料理就在這巧妙的當頭上桌了。這時我們也不要耽誤時間，掌握用餐節奏好好享用美食吧。上餐廳吃飯，要調理好自己的身體狀況，即便出現討厭的料理，也要硬著頭皮吃下去。一流的餐廳通常會記錄下當日上桌的所有料理，若下次請客時，應該不會再出現同樣的菜色，但為保險起見，可在預約的時候告知「哪些料理吃不習慣」。

五、結帳

有一點大家通常沒留意，那就是在一流餐廳裡，雖然店家收信用卡，結帳時請記得以現金付款。即使帶人去用餐必須花上十多萬圓也一樣。一流餐廳用的都是一流食材，而一流食材只能以現金交易。因此就算客人消費了十多萬圓，刷卡後等現金到店家手上已經是一、兩個月後了，對店家而言當然是比較不樂見的狀況，說得極端一點：「在一流餐廳刷卡結帳是失禮的行為。」會到一流餐廳用餐，通常不是臨時起意，所以不妨事先備好現金裝進信封裡，「一個人三萬圓，帶年輕人共四人前往，加上點酒來喝，大概需要準備個二十萬圓。」估算好之後，準備新鈔放進信封裡，在餐廳結帳時，利落地拿出信封給服務生說：「這個麻煩你了。」不一會兒，店家就會將裝著找零的信封遞給你。我來用餐才了解到，在一流餐廳裡，不讓現金曝光是一種禮貌。另外如果要給小費，請裝在祝儀袋（類似臺灣的紅包袋）裡，正月時分可當祝賀禮，或是在店裡做了什麼失禮舉止時可做為表達歉意之用。

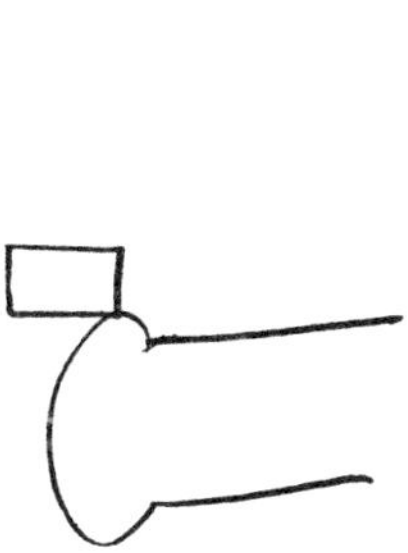

上述每一項都是理所當然的禮儀，請務必記在心上。

最後補充一點：不要用完餐後還留在店裡閒聊。我年輕的時候，一位我很尊敬的大人曾教導我：「不論去居酒屋還是餐廳，待超過兩個小時對店家而言都是困擾，要記住。」從整理儀容，前往餐廳，完美掌握好用餐節奏，瀟灑地結帳，俐落地離去，我期許自己能成為如此爽快有品的好客人。

向孩子傳達心目中「理想的家庭」

四十多歲的人，大多有了家庭與兒女。

「我能給予孩子什麼呢？能教導他們什麼呢？」

關於這個問題，我想每個人的答案不盡相同。

像我，我覺得我能夠徹底給予、教導孩子的就是「每天共進晚餐」。由於我不會對孩子說教，無法教給孩子什麼，也沒辦法陪孩子做功課，現在的我唯一能為孩子做的，可能只有共進晚餐了。

我一直很重視全家團聚、面對面一邊用餐一邊聊天的時間。雖然偶爾因為出國或有聚餐而無法在家吃晚飯，但那都是極少數的例外狀況。

一家人的早餐時段通常很匆忙，午餐時間也不太可能聚在一起，因此在我家，一直是把一日尾聲的晚餐時分定為家人共處的時間。這個規矩看似簡單，實際上卻很不容易遵守，我問過身邊的人，得到的回答幾乎都是：「要跟孩子一起吃晚餐，時間上絕對不可能的。」因為很多人回到家時都已經晚上九、十點了。

「家人平日的晚餐都是各自解決，只有星期日晚上才會全家聚在一起用餐。」這似乎是日本大多數家庭的現況。

即便如此，我還是堅持全家人每天共進晚餐。我也曾遇過非常忙碌的時期，每天都得排除萬難才好不容易讓這個規矩持續下去，不過現在已經成為我「自己的格式」當中的一項行程，排時間表的時候只要固定把「晚上七點為晚餐時間」當作生活的重心，優先排進行程，久了也就習慣了。

和家人共進晚餐。

這是父親教給我的「理想的家庭」。從小我們家就「習慣」每天全家人聚在一起吃晚餐，甚至哪天餐桌旁少了一個人都會覺得怪怪的。在我印象中，我家每天的晚餐時間都是非常快樂的時光。

當時我還不懂事，現在才明白當年父親可是拚了命設法騰出時間和家人吃晚飯的。我的父親不是那種特別值得在大家面前炫耀的人物。但對於他為了貫徹全家人共度晚餐時光的約定，我十分感動。也因此，我才承繼了父親教給我的傳統吧。

父親帶給我的感動，我也想傳達給我的孩子。即使我女兒現在無法理解我的用心，等到將來她有了家庭的時候，終究會懂得的。

「為什麼父親會那麼堅持全家人一起晚餐呢？」

若有朝一日回想起來才明白，那就足夠了。

不過，為人父親的我再怎麼努力，這個狀況畢竟不可能永遠持續下去。

這一陣子有時候我和妻子七點準時坐到餐桌旁，她會交代：「女兒今天補習班要到八點才下課喔。」隨著女兒的成長，可能不久之後她就會忙於社團活動、和朋友聚頭，哪一天她終將開口：「今天晚餐不用準備我的份，我跟朋友約好一起吃飯了。」孩子本來就是會日漸獨立的。我當年也是這樣，所以不會拿家裡的規矩綁住孩子。

但是即使終有一天家裡只剩我和妻子兩人，我仍然不打算改變一家人每天在固定時間共進晚餐的習慣。

原本我立下這個規矩就不是在女兒出生的時候，而是早在結婚當時便和妻子講好的。對於守護這個家的最重要的人，自己能夠做點什麼？這就是我思考所得出的結論，當然，這也是某種形式的「付出」。

我家的晚餐雖然只需要準備三人份，妻子通常在下午三點左右就進廚房準備了。我不清楚做料理的細節，但我想她一定是不偷工減料、認真烹煮每一道料理的吧。

一家人在晚餐時分打從心底開心地享用充滿愛心的料理，為一天做總結。這就是我打算一輩子守護的「理想的家庭」。

萬分樂意繳稅

如果七十歲我的人生巔峰，那麼至少在八十歲前，我不想仰賴年輕一輩，而且我還要持續做為「付出」的一方。

不論是教導晚輩、請晚輩吃飯，或是透過工作將技術傳承給年輕的一代，都是「付出」，此外還有「繳稅」，也是支持年輕世代的一種「付出」行為。

說來不可思議，我所尊敬的前輩們全都異口同聲地表示：「能夠繳稅真的好開心啊！」雖然他們都已經到了要求「想拿到更多的老人年金」也不奇怪的年紀。但就我所知，實際上他們回饋給社會的遠遠超過他們所領取的年金。而且他們每個人依舊是活躍在第一線的工作者，卻從沒想過如何節稅。

我從年輕時就一直是以個人工作室的方式工作，老是絞盡腦汁思考：「怎樣才能節稅，盡可能少繳稅金呢？」相較之下他們的思考邏輯卻是：「該怎麼做才能繳很多稅呢？這部分可能專家比較清楚，所以我聘了一位優秀的會計師。」

他們當然沒有想過逃稅，而節稅的念頭也不曾浮現他們的腦海。這正是身為「施」的一方所應該擁有的金錢觀，我也期許自己能夠做到這一點。真正的成功只會找上誠心期望對社會有所貢獻，以及萬分樂意繳稅的人。

繳稅代表自己與社會緊緊相繫。繳許多稅金，表示自己對社會而言正是「大量付出」的一方。

我想每個人都多少會覺得：「我這麼辛苦工作，憑什麼要繳那麼多稅！」也有些人覺得：「我乖乖地繳稅，可是國家卻沒有珍惜人民的血汗錢。」但繳稅原本就是社會制度的一環，身為社會的一分子，理當遵守才是。但是個人誠實地對社會繳稅和這筆錢被如何使用是兩回事。我所尊敬的前輩們教導我要學著分開思考。

我想說的，並不是繳愈多稅金的人愈了不起。

而是希望大家能夠換個角度思考，誠實繳稅代表了，我心甘情願履行自己的社會責任。

努力維持與社會的聯繫

年紀愈大，若愈是閉門不出，日益與社會脫節，是不健康也不應該的事。我一直期許自己隨著年齡增長，能夠與社會有更深的牽繫、對社會付出更多。

在日本，有很多人對政治與社會感到不滿，覺得「國家應該努力充實社會福利」、「年金金額太少了」。也有人賴著兒女說：「我想要過更寬裕的生活。」

然而，今日的自己可是生長於社會、受惠於社會的一分子。與其嘀咕著「希望社會來照顧我」，抱持著「希望自己能夠回饋社會」的想法才是幸福的。我們或許有權利向社會提需求，只是我覺得，當自己成了索求的一方，可能就感受不到幸福了。

我與外國友人聊天時，對話中不時會出現「Public Relations」一詞。縮寫為「PR」的「Public Relations」，在日本僅取其狹義的解釋，也就是「宣傳活動」之意，但其實這個詞有許多含義，當我的友人問我：「你有Public Relations嗎？」意思是：「你和社會維持著什麼樣的關係呢？為社會做了些什麼呢？」我的外國朋友經常聊起彼此最近在做志工或捐了款等等能夠把自己的想法讓世人知曉的活動。

讓我們以四十歲為起點，練習建立起自己的「Public Relations」，也就是所謂的「社會貢獻」，以此加深自己與社會的牽繫吧。

雖然讓公司壯大、業績提升、透過個人的工作成績對社會發聲也是貢獻練習的一種，可是拚命工作只停留在一己之欲的人生目標是不行的。請謹記最終目的是讓自己真正地做出「社會貢獻」。

如今的我會不時提醒自己，絕對不可以因為上了年紀就放棄與社會的聯繫。要是與社會脫了節，就算只有二十歲也等同於老人狀態。相對地，不論到幾歲都積極地參加社會活動的人，即使活到一百歲，也永遠耀眼地活躍在第一線。

雖然年紀漸增，終有一天身體會變得不聽使喚。那麼至少在七十歲到八十歲的這段時間裡，我們能夠以「施」的立場，持續努力對社會做出貢獻。這也是我個人的目標。

本著「Think Global, Act Local」的精神

我非常喜歡「Think Global, Act Local」這句話。

首先，以全球觀點思考事物，執行當下辦得到的事。

例如你努力學習泡咖啡，目標是沖出一杯好喝的咖啡，很不錯！但如果僅止於此就太無趣了。活得精采的思考方式應該是：「透過這一杯好喝的咖啡，我能夠幫到世人什麼呢？」腦中的想像一下子就拓展了開來。

能夠「Think global」還有一個好處——當你把視野放眼全球，就能清楚掌握自己具有幾分實力了。

「我在公司裡的地位排名第幾呢？」這個local的想法其實沒什麼營養。請在心裡衡量、宏觀地思考：「以國際標準來看，我的能力、信賴度與學識屬於哪個層次呢？」

今後的時代，我們與外國的關聯只會日趨緊密。職場上不但有機會與外國同事共事，鄰里的交流當中出現外國人也不是什麼稀奇的事。自己在四十歲到

七十歲之間會不會哪天決定跑去國外生活，誰也說不定。像我就從不覺得自己非待在日本老死不可。

不論我們住在哪個國家度過餘生，在這全球化的時代，「Act local」的思維在生活中愈來愈重要了。

本著「Act local」的精神，首先我們必須致力於活化日漸疏遠的鄰里關係。將原本一逕朝外投注的關懷拉回到鄰近地區的交流上。

有些人上了年紀就幾乎閉門不出，斷絕與社會的聯繫。或許是因為退休，離開了工作的圈子，一旦冒出消極的想法，覺得「我沒有容身之處，沒有朋友」，很容易就忽略一直就在身邊的「社區鄰里」交流，然後突然把自己關在家裡不願出門了。

一旦陷入這個狀態，明明是身處在全球化的時代之中，卻等於孤伶伶地生活在孤島上。僅僅窩在家裡透過電腦或報紙得知外頭世界的動靜，這並不是Global的生存方式。

想要保有與社會的聯繫，一邊享受充實的人生，首先應該「Act local」。

與鄰人打好關係，接著才有可能辦到「Think global」。不論你住的是公寓大樓還是獨門獨院的房子，鄰里對於彼此而言都是在緊要時刻互相幫助的救星。實踐「Act local」並不難，只要一天一點小小的行動即可，像是親切地打招呼、幫忙清理垃圾、稍微打掃周邊環境等等。

在洛杉磯，路上隨處可見「狗大便請帶走」的警告標語，但效果不彰，很多飼主依舊我行我素，後來為了解決這個問題，新的標語出現了：

「Be a good neighbor.」

聽說當這個「當個好鄰居」標語出現後，每個飼主都很守規矩地自動清理狗大便了。

要是有人提醒你說：「不要給鄰居添麻煩。」說不定你聽在耳裡，心裡會嘀咕：「我又沒有給其他人添麻煩。」因為感覺受到了指責，下意識便拉起了防線。但如果說法換成「當個好鄰居」，等於出現了一個行動目標。如此一來，大家也能坦率、積極地思考該如何當個好鄰居了。

我並不是基督徒，對於「Be a good neighbor.」這句話的宗教意涵多少有些排斥。但我覺得在建立良好的鄰里交流關係時，這是非常具有參考價值的一句話。

將感謝之情
化為實際行動。

第六章

今後三十年的生活之道。

四十歲以後應該思考老年的人生規畫。
若期許自己不依賴社會、不給人添麻煩，
自始至終自食其力過生活，該怎麼做呢？
製作一張四十歲到七十歲的未來年表吧。
為了擁有理想的老年生活，
應該事前做好哪些準備？
逐一梳理不安或在意的事物，
讓自己愈來愈安心，為老年旅程做好準備。

製作「未來三十年」的年表

我們都走在人生旅途上。在第二章，我們練習製作過二十歲到四十歲至今二十年間的個人年表。在本章，讓我們來製作四十歲到七十歲，也就是未來三十年的年表吧。

製作「過去年表」的目的是，透過審視實際存在的個人歷史，挖掘出許多的寶物。

而製作「未來年表」的目的則是，透過描繪尚未發生的人生故事，思考對自己而言什麼是人生最重要的寶物。

「對自己而言，什麼是幸福？」這個問題的答案，正是你理想中的七十歲生活；而「未來年表」則是指引走到幸福終點的地圖兼預定表。

製作年表的重點在於，必須不斷地反問「對自己而言的幸福為何」，經過深思熟慮之後，再化為文字寫下。

不必為錢煩惱是幸福嗎？一輩子持續工作是幸福嗎？家人始終在身邊是幸

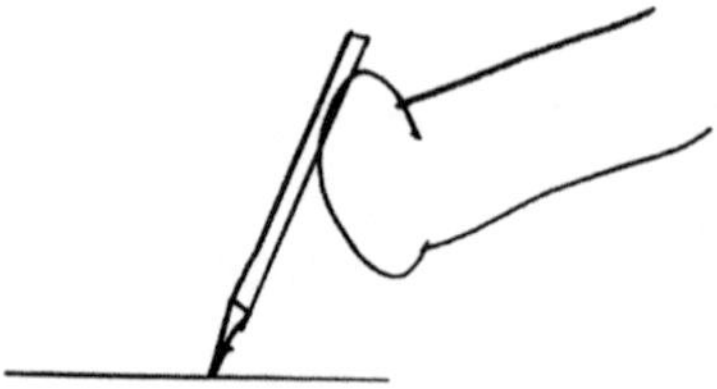

今後三十年的生活之道。

福嗎？沒想出答案之前，等於沒有終極目標，也就無法完成「未來年表」了。製作「未來年表」，不能只是以「要活到〇歲」為目標，否則會變成一份針對病痛、貧困、孤獨等等上了年紀可能遇到困境與不安的對策表罷了。

請以「七十歲是人生巔峰，是光輝燦爛的歲數」為前提，思考對自己而言的幸福為何。

不過實際上「未來年表」當中也必須體現對老年生活的準備與對策。雖然可能有人覺得四十歲考慮老年生活的事未免太早，但我覺得到五十歲以後才思考就太晚了。請以不依賴家人或社會、不給人添麻煩，要自食其力為目標，詳細地訂出計畫。

製作格式不妨和「過去年表」一樣，簡明地拉出年齡間隔即可，譬如以每五歲或每十歲為一區間。

假設以十歲為一區間，就要思考：「四十歲到五十歲想完成的準備工作為何？五十歲到六十歲想完成的準備工作為何？六十歲到七十歲想完成的準備工作為何？」想到什麼便當場記下。一開始不必過於詳細，想到什麼要補充時再寫下即可。

描繪「七十歲時的收成」

為了迎向理想中的七十歲，製作「未來年表」，同時也思考一下自己想要什麼樣的人生收成。

「像個農夫」是我的理想之一。經營人生正如同農夫播種、灌溉、呵護、收成的循環。

概略地來看未來的三十年，不妨想像四十到四十九歲相當於播種時期，五十到五十九歲是灌溉成長期，六十歲到六十九歲歡呼收成，最後迎向豐饒的七十歲。然後過了七十歲，手上的農作物已完全精製研磨，正是分享給大家的最佳時機。

請在「未來年表」裡記下四十到四十九歲的十年間，你要播下什麼種子。

不是寫下「我希望在五十歲前存到○○圓，不然到了老年恐怕活不下去」之類的，而是深入思考，依據自己的性格，列出未來十年的挑戰清單。

每個人因為工作性質不同，想播的種子也各有千秋。請不受限地寫下具體的挑戰內容，未來的樣貌將更為清晰。像我就記下了：「五十歲之前想要寫一本這樣的書。」此外，想要朝全新方向發展的人，不妨思考什麼能夠拿來當作新方向的種子。或是有什麼應該徹底戒掉的事物，也請一併記下。

「未來年表」的五十到五十九歲的十年間，請填上如果要培育種子必須要做什麼事。六十到六十九歲的十年間，請具體地描繪出什麼是你理想中的收成。

製作「未來年表」的過程中，你會發現愈來愈期待未來，並懷抱著各種夢想。同時再寫下對於老年生活的準備工夫，那麼「對未來隱約的不安」就會轉化為「自己能掌握的幾個問題點」，你會因此安心許多。走在人生旅途上，若能夠清楚知曉自己的目的地，以及每個階段的行程，旅程便不會顛簸難行。而你所規畫出的旅程，將會成為你人生的真理、原則。

此外，我覺得，擁有滿懷期待的目標，正是長壽的祕訣喔。

幸福是與人們的深深牽繫

當我思考著自己的憧憬、目標與人生旅途終點時，我是這麼想的：

「我想要擁有與他人深深牽繫著的七十歲人生。」

這也是我對於「對我而言何謂幸福」的答案。

我認為與各式各樣的人擁有緊密的牽繫是最大的幸福。當自己迎向七十歲時，我希望與妻子、兒女、朋友、雙親（若還健在），都能緊緊牽繫著。如果未來的自己與身邊的人能夠擁有比現在更深的牽繫，對我而言就是至高無上的幸福了。

人要活下去，所以我不會說「不需要金錢」。但我一直認為，與其賺很多錢存起來，如何維繫人與人的牽絆要來得重要多了。反過來說，如果無法與他人建立緊密的牽繫，工作就不可能順利，以結論來看，財富也不可能增加。

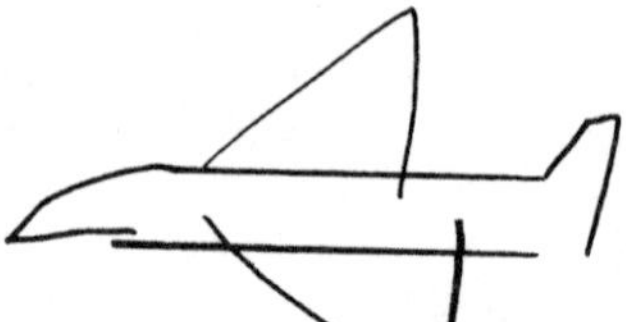

與他人建立緊密的聯繫，有許多方法。

例如，工作上我透過《生活手帖》，與讀者建立深刻的牽繫；還有寫作，也讓我與買書回去讀的朋友之間擁有深刻的牽繫。

而連繫雙方的觸媒，就是「感動」。當我傳達的訊息感動到讀者的心，牽繫便成立了。更簡單來說，當我愈將自己感動的事物傳達出去，我與他人的牽繫便愈加緊密。

例如我深深受到感動，甚至想向對方說聲謝謝的時候，我會寫信傳達。因為我想要把帶著熱情的感動傳達給對方，想要與對方有所牽繫。

我認為書信是非常適合傳達感動的工具。即便對方讓你覺得「這輩子都不可能見上一面」，只要寫信給對方，牽繫便成立。

如果要寫信給天皇陛下可能要提起相當的勇氣，但寫信給總理大臣或比爾．蓋茲就不是那麼困難。在你的信寄達的同時便建立起了牽繫，何況對方不見得不會回信啊。只要滿懷熱情，感動就一定能夠傳達出去。

追求深刻牽繫的幸福，我今後也將繼續寫下無數的書信。

當個「有用的工具」

為了接下來的三十年能夠持續做想做的事，必須讓自己時時處於最佳狀態，隨時派得上用場才行。

我不曾思考過「自己想做什麼」，即使年近五十的現在，依然如此。感覺自己從來就不是主動選擇事情去做，而是身為這世界的一個「有用工具」，幸運地被選上而做出貢獻。

好比《生活手帖》的工作也不是因為我想做，而是回應他人所提出「這份工作需要你」的需求和給予我的機會，才接受了這份工作。

假使日後世人對我的需求是：「松浦先生，請你每天去打掃馬路，這工作只能拜託你了。」我一定會毫不猶豫地辭去目前手邊所有工作跑去當清潔工。就算是位於地球上偏遠地區的某個小村落的道路，我也會萬分開心地前往打掃。

不過我可能算是比較特殊的例子，打從年輕時候，我就不曾立下「我要從事這份工作」或「我要當社長」之類的志願。

當然，我從出生後也從沒想過「我要開書店」。只是碰巧人們有需要，給了我開店的機會，而我全力回應大家的需求，結果就是開了一家舊書店。

再說到「我要當文字工作者」，這更是我想都沒想過的事，只是碰巧有人對我說希望我寫書，又遇上喜歡我的讀者，我才能夠像現在這般努力地寫書，如此而已。

簡單講就是，我沒有自信。

我既沒有高學歷，也沒考到多了不起的證照，能夠縱橫世間的武器，我一項也不具備。說不定因為如此，我才從年輕的時候就養成了以下觀念：

「自己想做什麼，不是自己能決定的。既然如此，就把決定權交給人們吧。人們有需要什麼，我就去做。我要努力成為一個對世界『有用的工具』，同時向世人保證絕對不會讓他們失望。」

可能有些人在思考未來的三十年時，很難想像「自己想做這樣的事」、「自己想成為這樣的人」。那麼不妨試著逆向思考：

「不做自己想做的事，而做人們有需求、需要我幫忙的事。」

還有些人糾結在「我想做這件事，但總是無法如願」上頭。如果你也有這樣的想法，請試著先放下「我想做」的念頭。

人活著就會不斷地改變，過去的自己與往後的自己絕對是不一樣的。要是一直受縛於過去的自己，老想著「我想做這件事」、「我想變成這樣」，夢想反而很難實現。

比方關於待業或二次就業，總有人會以下述說詞拒絕找上門的工作機會：

「我再怎麼落魄也不至於要幹這種工作吧？我也是有尊嚴的。」

「我沒做過這方面的工作啊。」

我每次聽到類似的事都覺得很訝異，放棄不是太可惜了嗎？年過四十還有人對你說「這個工作需要你來做」，就該感恩了。換作是我，不論接到任何工作機會，一定開心不已地接下挑戰。

人生很不可思議，我也不是很清楚箇中因果，不過，我偶爾會這麼想：不管是持續做自己想做的事，或是持續做人們需要你做的事，其實都是一樣的。

只要抱持熱忱，真心誠意地去做，即便走的是不同的路，終究還是會順利抵達自己內心深處所期望的地點。

說不定，可能在未來的某一天，我會發自內心「做自己想做的事」。在未來的三十年，不論走上了怎樣的路，我都希望是個擁有健康身心、穿著整潔、能夠笑著對他人有禮地打招呼的人。我希望一直是個對世人「有用的工具」。

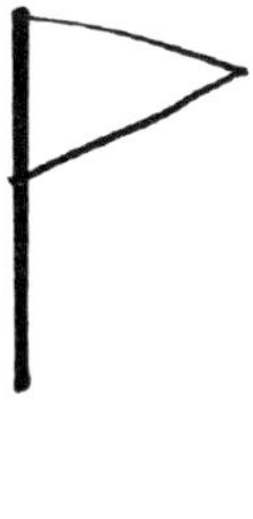

學習外語讓自己持續成長

今天過得很開心，明天也很令人期待。

我一直相信，如果每一天都能過得如此充實，不論到幾歲，都會持續成長。要擁有充實的每一天，我想，不時給予自己刺激、迎向挑戰、偶爾煩惱偶爾努力，會是不錯的方法。

我給予自己偶爾煩惱偶爾努力的挑戰，就是學習外語。目前我同時在學習英語、法語和中文共三種語言。

年輕時，我每天的樂趣與刺激是來自和朋友做些有趣的事。然而隨著年紀增長，大家有各自的事要忙，沒辦法像年輕時頻繁見面了。

我每天早上要晨跑、學外語，定期上理容院、看牙醫，偶爾看電影、讀個書，此外當然還有工作，然後每天晚上七點必定坐到餐桌前。而且為了健康著想，我還力行早睡早起。想想我的每一天都被「個人行程」塞得滿滿的，幾乎連照顧他人需求的時間都沒有了。

上了年紀便閒下來是很難受的一件事，我寧可處於這種「忙到翻」的狀態。因此我也對自己說：「既然沒空和朋友碰面，那麼至少要把時間花在自我成長上，透過學習得到樂趣與刺激。」

「一口氣學三種外語不會很辛苦嗎？」

有些人會覺得訝異，不過我持續學下來的心得是，學語言就和跑馬拉松一樣，意外地只要持之以恒就辦得到。我每兩週上一次英語課，法語和中文課則是每週一次。大多是利用清晨或零碎的空檔時間上一對一教學，還有晚餐後固定一小時的讀書時間裡，有時我也會讀英文、法文或中文的書。

有時候讀著外文書，會覺得「上課果然有效，大概都看得懂了」。不過畢竟是極少數特例，我進步得很慢，簡直就是牛步狀態。

記憶力畢竟不比年輕時候，有時背誦過的東西轉頭就忘了。即使如此，我還是覺得學了總比沒學好。到七十歲還有二十多年的時間，我決定憑著毅力反覆記憶，慢慢地把外語學好。

有時我會被問道：「如果是想提升英語能力還能理解，為什麼還挑了法語和中文呢？」在這全球化的時代，英語這門共通語言的重要性自不待言，大家覺得奇怪的是我為什麼還多選了兩種外語學習吧。但我覺得，認為「會說英語＝全球化」這結論有點下得太早了。

我們一直生活在日本，學到的都是日本文化，然而世界上卻有許多不同於日本的文化。既然已經過了四十歲這個「第二誕生日」，在迎向七十歲人生巔峰的路上，我希望能夠去學習其他的文化。我常在想，不論是在工作、興趣或人際關係各方面，要是不去打開探向外頭世界的那扇窗，不但什麼都不會改變，日子也只有無趣兩字可言。因此，除了學好英語，做為協助我接觸外國文化的工具，對我個人而言，法語和中文也是必備的。

我因為工作關係常跑法國，卻由於語言不通吃了不少苦，要是我會說法語，必定能夠從法國文化中學到非常多的事物。法國擁有日本人所沒有的創意與理念、兼具革新與傳統的生活風格，這些都會成為對我非常有益的刺激。

另一方面，我有很多中國朋友，至今和他們都是以英語交談，如果我也會說中文的話，說不定就能夠學到一些中國源自四千年歷史的深奧智慧了，而且就事業層面來看，日本與中國的交流愈見頻繁，先把中文學起來總是比較安心。

每個人需要的語言都不同，重點是絕對不要放棄學習。

「學外語太麻煩啦，我只要跟日本人往來就好了。」

一旦抱持著這種想法，往後朝著理想的七十歲邁進的三十年間，對你而言將不是成長之旅，而只是持續衰老的歲月罷了。

年紀愈大，愈需要學習外語，一方面能夠透過學習新的文化持續活化、成長，另一方面為了向世界傳達日本文化之美，外語也是不可或缺的重要工具。

日本豐饒的文化，就由我們這些年歲增長的大人透過各種外語向世界發聲吧，這不也是一種全球化的生活方式嗎？

讓你擁有耀眼七十歲的讀書術

對我來說，讀書是休閒娛樂，是興趣，也是學習。

四十歲以後，我為了學習而努力找來讀的是歷史書。雖然只是斷斷續續地讀，卻是我決定到七十歲以後都要持續下去的習慣。

不論日本史或世界史，我們從歷史當中真的能學到非常多的東西。因為即使時代變遷，人的本質是不會變的。人們在想些什麼、感覺到什麼、什麼時候感到雀躍、什麼時候覺得心力交瘁。不論在江戶時代或現代，即使生活方式不同，民眾心情卻是一致的，我常為此驚歎不已。

歷史書上記載了人類所犯過的許多錯誤與失敗，我們必定能從中學到一些教訓。

「原來如此，人們就是如此解決重大問題的啊。」

「人類的失敗經驗當中，原來也有這種類型的。」

煩惱的時候讀歷史書，大多能找到解答。

此外，熟悉歷史還能和外國朋友有更多的話題聊。不論是日本史或世界史，很多歷史我們都只知道個大概。不需要背誦歷史事件發生的年份，而是理解歷史背後的文化背景，最適合成熟大人的讀歷史方式。

我非常喜歡司馬遼太郎先生。最初拜讀的是《街道漫步》（街道をゆく）系列，之後一本接一本地閱讀、學習。每部作品都淺顯易懂、風格明快，旅行世界各地的司馬先生所獨具的寬廣視野更是其著作最大的魅力。

我讀司馬先生的作品，一旦對某個時代特別感興趣，便再去找其他作者的相關書籍閱讀。

要學習世界史的話，我推薦的威廉·麥克尼爾（William H. McNeill）所著的《世界史》（*A World History*）（繁體中文版由商周出版發行），只要深入閱讀，一定會讓你對其他相關歷史書產生興趣，一本接一本找來讀。

因應瞬息萬變時代的資訊蒐集術

我們四十歲以後的人生，世間的學識素養與取得的資訊落差將愈來愈大。這個落差來自於每個人具備學識的多寡，以及是否掌握著正確的資訊。一般我們所接收到的資訊不見得百分之百正確，尤其當資訊來源僅限於報紙或電視的時候，我們所不知道的消息恐怕只會愈來愈多。當然一定也有人能確切掌正確的資訊。與其對世事一無所知，了解正確資訊絕對會比較好。

正因身處不斷變遷的時代，資訊的蒐集方法便成了重要關鍵。

當今提供資訊的工具當中，最方便取得資訊的就是網路了吧。有任何想知道的資訊，都能輕易上網查詢，而且還不需出門。只是，愈是容易入手的資訊，價值愈低，如果能夠清楚認知到這個前提，使用網路蒐集資訊倒是無所謂。

網路內容真假混淆不清，資訊可信度最低；另一方面，報紙與電視所提供的資訊極可能受到人為操控。雖然我不認為報紙或電視提供的全是謊言，但我也不全盤相信，這是我面對這些資訊來源時的原則。我會保持距離，持觀望的

今後三十年的生活之道。

態度，也就是說，對我而言，重點資訊源並不在這兩者上頭。

我家裡有電視，也訂了報紙，但我幾乎都沒在看，尤其是電視，只有家人在看新聞的時候，有一搭沒一搭地得知一些消息。一樣要聽新聞，我寧可聽廣播新聞。廣播傳媒不像報紙或電視，受到的法規限制較少，提供的資訊較少人為操控介入，相對地比較接近真相。

「正因為這麼多年大家都說這是正統的作法，更要持懷疑態度看待。」

這是一位高級日本料理餐廳的店主告訴我的話。在日本料理的世界裡，有許多料理都有如同規矩般不容質疑的固定作法。但如果抱持懷疑態度，不斷嘗試，走出自己獨有的調理法，就有機會研發出更美味的料理。而我認為，這與資訊蒐集的道理是共通的。

我看報紙會大略瀏覽標題，接著只讀廣告欄和徵人欄。企業必須花錢才能在報上登徵人廣告，內容自然不假；瀏覽廣告欄能得知近來坊間在推銷什麼。我喜歡看這兩欄，並以自己的角度看出一些有趣的觀點。

至於我所信賴的資訊來源有三個。

第一是透過親身經驗取得的資訊。

對於感興趣的事物，要積極地出門去親自調查或是找書來看。透過各個角度反覆確認，親身體驗所得到的才是正確度最高、最值得信賴的資訊。

第二是直接問人。

當然對方必須是值得信賴的、誠實的人。平常若有想了解的資訊，身邊有兩、三位能提供正確資訊的人物，也很重要。資訊源若來自團體組織，很容易摻進不實的謊言。

最理想的資訊源當然最好是來自於認識的人，如果身邊沒有這樣的友人，不妨從常上廣播或出書的名人當中，列出自己信賴的資訊源：「政治方面的資訊就看這位雜誌記者的報導，社會方面的資訊就聽這位評論家的說法。」要相信誰說的話，自己斟酌決定。現今政治家或名人大多有部落格或Facebook，我們有很多機會接觸到他們的言論。

第三是張開天線用心感受。

透過親身經驗取得資訊是主動的，但張開天線感受則是被動且講求機緣的。好比在街上閒晃或搭電車時，一定會有無意接收到的一些資訊。

「看來最近真的不太景氣啊，總覺得路上每個人都皺著眉頭。」

這些無意間感受到的資訊，這正是我非常重要的一項資訊來源。由於是透過自己的天線所接收到資訊，還是有一定的可信度吧。

如果沒能握有值得信賴的資訊源，有時候會陷入無謂的不安，這已經夠混亂了，如果還把錯誤的資訊擴散出去，造成他人的困擾，事態更是亂上加亂。沒有掌握真相，不僅無法做出正確的判斷，也無法事先做預防。我們將迎向成熟大人的七十歲，如果未來三十年都以如此不可靠的步伐前進，最終不可能給予他人任何東西的。

關於資訊的蒐集，還有補充一點。請先釐清：「我想知道什麼？」世上充斥著各式各樣的資訊，沒有必要全部知悉。即使是正確的消息，如此四處奔走努力蒐集對自己無關緊要的資訊，我想只會讓你離豐饒充實的人生愈來愈遠。

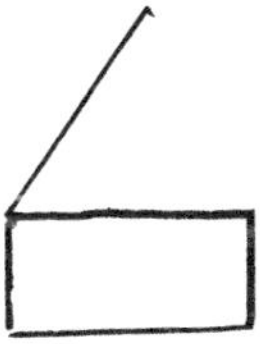

玩樂也是一種投資

無可否認的，四十歲之後的體力與能力都不如從前，因此我們必須考慮放慢腳步。

四十歲前，我們能在充裕的時間內迅速做完許多事。但四十歲以後，由於可用的時間有限，我們只能按照自己的步調做真正重要的事。因此，關鍵是我們得看清什麼才是對自己「真正重要的事物」。

要分辨什麼是值得投資金錢、時間、能量在上頭的「真正重要的事物」，不妨以「是否能得到有益的產出」做為判斷標準。

我們必須精挑細選出值得做的事。如果和某個人碰面、學某樣東西、從事某項工作能夠得到有益的產出，那就值得投資。

「產出」不一定是金錢，它可能是大家對你的信賴、信用、自身的想法等。不論是什麼形式的產出，請記得只做能帶給自己益處的事。此外不必強求得到兩倍、三倍的益處，只要注意不做無益的事，一切都會大不同。

比方參加聚餐，玩太瘋到結果三更半夜還沒睡、吃太多而吃壞了肚子、喝太多而導致隔日宿醉，都是無益的行為。相對地，吃得美味且適量、在一定的時間內與朋友愉快聊天、聚餐的隔天有個精神奕奕的自己，那麼參加聚餐就是有益的事。

許多行為都能為我們累積益處。所以選擇與自己的課題切身相關的，就絕對錯不了。「對現在的我而言，什麼是必要的？有什麼還不足的？」思考之後所採取的相應行動，都會是有益處的事。例如你的課題是「學會成熟大人的禮儀」。那麼到高級餐廳增長見識就是對你有益處的事。又例如課題是「學會規畫時間」。那麼製作計畫表並付諸實行，就能帶給你益處。

四十歲以後玩樂也是一種投資。你可以找一種在玩樂之餘，又能帶給自己成長，對自己有益的娛樂。

我現在最熱中的是一輛保時捷的古董車。車子是朋友轉賣給我的。從自己查資料，動手修理各種零件，親自動手保養車子既是一種樂趣，也能從中學到非常多東西。

從前我對汽車毫無概念，現在透過這個娛樂，我交到了新的朋友。和平常工作或生活上沒機會遇到的人交流，自己的世界也變得寬廣了起來。

我還有一個持續多年的休閒娛樂，那就是玩古董相機。拍照對我而言是最純粹的玩樂，用傳統的古老鏡頭拍照片，總是能帶給我許多充滿創意的刺激。

我也常為了拍照而出門旅行。我想不必說，大家都很清楚旅行是最簡單的自我投資，雖然不是必要的行為，但只要出發去旅行，一定會有收穫。不論是接觸未知的文化、親身經驗取得資訊、品嚐美食、住進高級飯店或旅館，都能讓我們從中學習到許多。

在工作方面，我想四十歲以後可以找出自己的專精項目深研下去，也就是找到做起來最開心、最拿手的部分，讓自己精益求精。原本玩樂就沒必要定義得太嚴謹，只要能讓自己變得更好，就是值得你投資的玩樂。

邁入四十歲後，有一項玩樂絕對不能碰，那就是賭博。四十歲之前，如果只是尋求刺激或想轉換心情，體驗一下賭博並不為過。但沉迷賭博只有百害而無一益。嚴格來說，嗜賭並非休閒興趣，而是一種病，而且是會令人上癮的病。

正因為很難根治，請千萬不要陷進去。

賭博或買彩券都是投資報酬率最低的賺錢手法。包括賽馬、賽自行車、彩券、小鋼珠、吃角子老虎等等，原本這些賭博的系統設定就是讓店家賺錢的工具，投資在上頭根本等於是把錢扔進水溝裡。

曾經靠賭博或彩券贏得巨額，從此過得幸福快樂人生的人，找遍全世界肯定一個也沒有。

如果要拿博奕當娛樂，請賭在自己身上，我深信這絕對是勝算極高的投資。

用感動讓金錢流動

到了被認可為成熟大人的四十歲，繼續朝巔峰邁進的未來三十年，我期許自己轉換到不同於四十歲之前的生活方式，改變自己的金錢觀。

我們不斷在追求著優質生活，可悲的是，人外有人天外有天，優質的世界之上還有更優質的世界。我今年才四十六歲，等於剛踏進成熟大人世界沒多久，離終極的優質世界還很遙遠。不過我不擔心，因為到七十歲之前，我還有很多時間。

只要一步一步朝優質的生活努力，目標一次比一次遠大，總有一天會抵達終極的優質世界吧。而且我相信在努力前進的途中，還能夠接觸到世上各種了不起的事物，因為前所未有的體驗而大受感動。

朝優質的生活努力、轉換到符合成熟大人的生活方式，不僅是投入大筆金錢就能達到目的，一切的關鍵就在於把握一個原則：「把錢花在感動上。」

例如想吃對身體有益的食物。那麼每天攝取的料理當中，就可改用稍微貴一點、卻能夠讓你吃得安心、令人感動的蔬菜或調味料。一些天然的食材通常比添加了化學物質的食物要貴一點，但吃到優質食物所得到的感動，絕對遠遠高過於價格。幸運的是，現今不必向海外訂貨，在住家附近超市就能輕易買到葛宏德（Guerande，位於法國不列塔尼半島南方的經典天然海鹽產地）海鹽或有機番茄醬等優質的食材了。

一樣要花錢的話，請把錢花在感動上，這才是成熟大人的生活風格。

雖然價格高了一些，一匙鹽所帶來的感動能讓你會心一笑，這是多麼幸福的事呀！

我有個造型師朋友，她非常喜歡飯店，一有機會便跑去高級飯店住上一晚。乾淨平整的床單給人感覺非常舒適，周到的飯店服務也讓人打從心底感到放鬆，每間客房都打掃得一塵不染更是高級飯店的魅力所在。我的朋友本來就是很容易為小事感動的感性女子，每次看到她驚呼：「唉呀！」「這個好可愛！」「好漂亮喔！」等等，一旁的我也會感染到她的感動情緒。

我個人也很喜歡飯店，偶爾會一個人跑去投宿，因此非常能理解她的心情。不過可能有些人會蹙起眉頭，覺得：「這人還真奢侈。」

我自己也曾被年輕朋友誤解：「松浦先生老是請我們吃飯，好奢侈啊。」

但這完全是誤會。站在我的立場，一點也不覺得奢侈，我想我那位造型師朋友應該也是一樣的想法。把錢花在感動上，就算再怎麼昂貴，也絕對不是奢侈浪費。

比方說，我為了人生學習而投宿高級飯店，得到了感動，也累積到了經驗與知識，等於是在我的人生存錢筒裡存進了硬幣。

然後當我和他人聊起這份感動，或是寫進書裡，也就是做了「分享感動」這個付出的行為，槓桿效果（Leverage effect，透過槓桿原理的放大作用，以較小的力氣創造較大的效果，例如使用固定成本提高投資報酬）便啟動了。我又獲得了一枚名為「眾人的喜悅」的硬幣，同時也帶來了實質的收入。而這筆收入又可變成獲得更多優質經驗的資金，也可以請年輕人吃飯，繼續為社會付出。所謂「錢花得愈多賺得愈多」，就是這麼回事。

在我的感覺裡，把錢花在感動上將會產生良性循環，一輩子不必為錢煩惱。何況如果我的請客行為真的是單純的奢侈浪費，我現在早就負債累累了。

有一樣東西是我絕對不碰的，那就是「免費的東西」。所謂「免費是最昂貴的東西」，確實有其道理。我從來不買特價品或低價出售的商品，也從不集點，因為把錢花在這些地方不會得到任何回饋，只會讓我有種失落感。

在全球不景氣之中，那些極度廉價的商品一定有其廉價的原因，例如低價販售的喀什米爾毛衣，或是毛衣廠員工在低薪超時工作的嚴苛環境中換來的血汗商品。要是買了這樣的商品，自己不就成了踐踏那些員工的幫兇了嗎？

世事萬物都有因果循環。正因如此，面對未來的三十年，請審慎成熟地使用金錢，讓自己與世間都處於健全的良性循環當中。

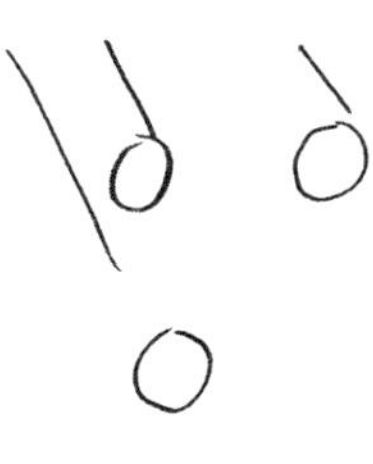

別忘了備好養老資金

四十歲時回歸「閃閃發亮的一年級新生」，用心度過每一天，日子也愈來愈充實。

每當蛻變為蝴蝶的自己振翅高飛，工作方面得到豐碩的成果，幫助他人，努力讓別人開心的同時，收入也自然會增加。

然而，這些金錢都是遲早要回饋給社會的。

平常自己花用的錢，請努力工作好好存一筆錢吧。此外，若日後決定不依賴家人或社會，要自食其力者，也要備好老年生活的養老資金。

首先弄清楚自己日常必定會支出的金額（即running cost）。收入會隨著你的工作狀況或者對他人的貢獻增減，是變動性的。但支出就不一樣了，即使狀況每次不同，在某種程度還是能自由地決定如何運用。姑且不論突然生病或家人出事等意外狀況，幾乎所有的支出都是我們能夠自行掌控的。

請核算對自己和家人而言的必要支出為多少。例如有兒女的話就要考慮教今後三十年的生活之道。

育費，另外還有房租或房貸、生活費、醫療費等等。

算清楚之後，今後請盡可能地減少支出。要存到足夠的養老資金，最有效的方法就是把錢花在刀口上。

不過，減少支出並不包括自我投資的部分，也就是說，確定會為自己帶來益處的支出，就放手花下去。像是請後輩吃飯的錢，也絕對不能省。

有人說：「假如六十五歲退休，之後的人生所需的現金花費是一人兩千萬圓。」我不確定這估算是否正確，也不曉得是否每個人都存得到這筆錢。畢竟每個人的生活方式和狀況都不盡相同。

所以，請先思考當自己年紀分別到了四字頭、五字頭、六字頭的時候，「一個月大約需要多少的生活費」，確定之後，就能大致推算該存多少錢，以及實際上自己又能存到多少錢。有人會說：「我根本存不到錢。」請不要輕言放棄，認真思考有沒有什麼適合自己的好方法。如此從現實層面來說才有可能擁有所謂的養老生活，不是嗎？

絕對不要成為「弱者」

接下來的三十年，請勇敢地迎向每一個挑戰。即使失敗也要毫不退卻地迎戰。

我總是要求自己，不管發生什麼事都絕對不要變成弱者。要是成了弱者，就什麼事都做不成了，這我在從前寫的書當中也常提到。把自己的怯懦正當化，怪罪他人、怪罪社會，就是弱者。許多原本堅強的人，上了年紀之後卻很容易自暴自棄成了一名弱者，請特別留意這一點。

我們不該怨恨政治或社會環境，抱著放棄心態嘟囔著：「我不管怎麼做都得不到認可啊。」「人生是不會變好的。」我們該做的是不管到了幾歲都持續迎向挑戰，就算成功機率再小，也要毅然決然地登台比賽。

「弱者」是放棄比賽的可憐蟲，但在我眼裡，「失敗者」卻是非常了不起的。因為失敗就證明了自己曾經勇敢迎向挑戰一決勝負。

這次輸了，說不定下次會贏，這正是所謂的「失敗者」。因為有可能成為今後三十年的生活之道。

「勝利者」，所以是失敗者。永遠不敢出賽的弱者是沒有未來的，而失敗者卻擁有無限可能。

不管失敗幾次，請拿出勇氣，再一次站上起點吧。這世上沒有人以全勝姿態走完人生旅程的。大家都經歷過失敗、經歷過成功，一如日本諺語「七轉八起」（跌倒七次，卻能爬起八次，意謂不屈不撓、愈挫愈勇）所表達的，每個人一輩子都在交替扮演著勝利者與失敗者的角色。

我甚至認為，勝利者與失敗者其實沒有太大的差別，當站到起點的那一刻，兩者都是一樣的。

上了年紀，要是心裡就已經認定：「我這輩子就這樣了。」當場便成了弱者。請絕對不要擺出一副好像早已看破世事的態度。

就算看不見未來，沒關係；就算感到不安，沒關係。

未來三十年，讓我們持續迎向挑戰吧。

繼續迎向前方的挑戰吧！

終章

用心地迎向人生終點。

我希望能夠健全地、用心地迎向人生終點。
具體思考自己要走向什樣的人生終點。
如果要告知家人或身邊的人，又該怎麼做？
這是我的人生謝幕式，我將以此迎向人生終點。
然後寫下屬於自己人生終點的故事。

寫下最後的交代

再怎麼光輝的人生，還終還是走向終點。

自己希望留下什麼、想告訴身邊的人什麼，請寫下來，留下交代。

雖然不是寫遺言，我總是以寫備忘的形式把這些想交代的事記下。

包括錢財在內的所有物清單。

是否接受維生治療。

事先表明自己的意願，是對家人的一份體貼。明知救不活，但在生死關頭，家人卻不得不簽下維生治療同意書，這種案例太多了。因此為了不讓家人煩惱、痛苦，請事先寫做好交代。

「松浦先生，我建議最好是不要接受維生治療喔。」

某位醫師如此告訴我。

據他說，維生治療的藥與醫療器材有很多種，確實能夠延長病人的生命。

只不過治療過程大多辦隨著痛苦，接受治療的人也相當難受。

用心地迎向人生終點。

他還說，人類的身體構造非常不可思議，當患病將死之際，體內會分泌類似腦內啡的物質，讓我們感覺宛如身處舒適的夢境，然後就在半夢半醒的狀態下死去，其實是很幸福的。

我除了具體寫下最後要交代的事，還打算寫給身邊至親一人一封信。雖然我還在思考自己的辭世方式，總覺得最後留下寫著「謝謝」的信，然後撒手人寰，很有我的風格。

松浦彌太郎「人生終點的故事」

我才四十多歲就在思考「人生最後的故事」，或許有點太早。不過關於自己理想的辭世方式，現階段有一點是我很確定。那就是，我希望嚥下最後一口氣時，身旁有人握著我的手。

至於過世地點，在醫院裡或在家中嚥氣，我都無所謂。說不定那時候，我正身處在某個遙遠國度的不知名飯店裡，當然也可能是現在的我完全意想不到的地方。

我的願望是，在我嚥下最後一口氣的瞬間，能夠握著家人的手。如果因為一些不得已的原因，家人無法在我身邊，那麼由朋友握著也好。萬一連朋友也不在身邊，那麼護士也好。要是也沒有護士在，那麼碰巧在我身旁的誰都好。

只要有人握著我的手，就夠了。

我這輩子認為最大的幸福就是與他人緊密地牽繫。因此能希望到嚥氣的那一刻能握著他人的手。只要這個願望能成真，我這一生就再幸福圓滿不過了。

冀求著各種事物，獲得了各種事物，活下去。
學到了各種事物，蒐集了各種資訊，習得各種智慧，活下去。
我希望盡情享受人生，然後在最後的一刻全部放手，什麼都不帶走。
自己所得到的東西，一個都不留地送出去，一切的一切都回饋給社會。
這或許就是松浦彌太郎最後的死法，也是他人生終點的故事。

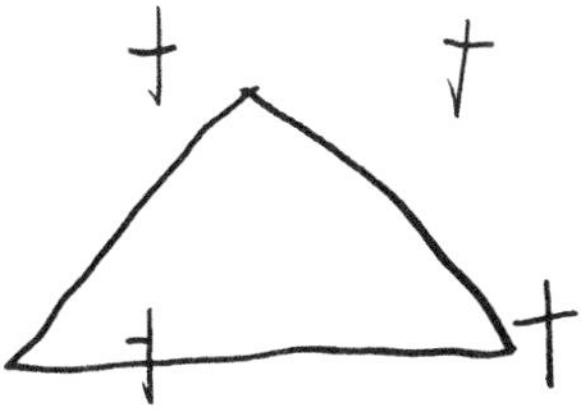

給四十歲的
人生提醒。

1 每個人的機會是平等的。然而機會並不見得全是好事。遭遇困境與挫折也是讓自己從頭來過的大好機會。

2 今天也當自己是一年級新生。面對熟悉的事物，也請以初次接觸時的心情面對，如此你將會重拾當初的光輝喔。

3 遇到痛苦或難熬的事，愈是逃避，事情愈會緊追著你不放。就面對吧，這麼做就會找到解決的答案了。

4 你是否緊緊賴著什麼呢？請放開手，試著自立邁出步伐，你可以走得更遠的。

5 擁有多少可能性，不是由自己決定。即便年齡增長，還是有無數的可能性潛藏著。不要害怕改變。

6 對踏入四字頭的自己說聲：「生日快樂。恭喜迎向第二誕生日。」從全新的起點跨出第一步吧！

7 隨身攜帶紙筆，把臨時想到或者不能忘記的事，好好地寫下來，日後你一定會慶幸自己這麼做了。

8 請想像心中有個上鎖的抽屜。那裡頭，你在什麼時候、放進了什麼東西呢？

9 試著說十次「謝謝」。那麼，此刻你的腦海浮現了誰的面容？想起了什麼事情？

10 請把對昔日的依戀與過去的輝煌成績全都忘掉，重新回歸到一無所有的自己。

11

請簡單寫下「要的東西」與「不要的東西」、「做得到的事」與「還做不到的事」、「謝謝」清單與「對不起」清單。

12

愈是不重要的約定愈要遵守。當然，約好的玩樂計畫更是絕對不能忘記，正因為是沒有厲害關係的約定，更要好好遵守。

13

真正重要的事物是無形的。正因為看不見，一定要提醒自己時時想起，常常思索，絕對不忘記。

14

請想像人們會在什麼時候因為什麼事而感到什麼樣的幸福呢？工作與生活的祕訣就藏在當中。

15

面對任何事情，都不要執著於勝負。不要和他人比較，如此一來，你眼前的世界將豁然開朗。

16 在意髮型的人，也會留意自己的儀容。在意穿著打扮的人，也會注重生活。而注重生活的人，也會重視工作。

17 最重要的工作就是健康管理。請努力讓自己每天都健健康康的。健康會帶來笑容，請帶著笑容工作吧。

18 一口健康整齊的好牙，會是你四十歲以後的寶物與平安符。因此請做好牙齒保健。

19 每個人都有缺點。不要忙著指責他人的缺點，應該與對方交朋友好好相處。或許有一天對方的缺點會幫上你的忙。

20 好好地觀察、照顧父母。你會從中看到自己的將來需要什麼、該怎麼做、有什麼該學習的。

給40歲的嶄新開始（暢銷新版）

40歳のためのこれから術
40-SAI NO TAME NO KOREKARA JUTSU

Copyright © 2012 by Yataro MATSUURA

Illustrations by Masanao HIRAYAMA
First published in Japan in 2012 by
PHP Institute, Inc.
Traditional Chinese translation rights
arranged with PHP Institute, Inc.
through Japan Foreign-Rights Centre/
Bardon-Chinese Media Agency

給40歲的嶄新開始／松浦彌太郎著；阿夜譯
－三版.－臺北市：麥田出版：
英屬蓋曼群島商家庭傳媒股份有限公司
城邦分公司發行，2024.07
面； 公分
譯自：40歳のためのこれから術
ISBN 978-626-310-691-8-(平裝)
1.成功法 2.生活指導
177.2　　113006841

封面設計　許晉維
印　　刷　漾格科技股份有限公司
初版一刷　2013年08月
二版一刷　2018年08月
三版一刷　2024年07月
定　　價　新台幣320元
I S B N　978-626-310-691-8
　　　　　9786263106925（EPUB）

Printed in Taiwan

著作權所有・翻印必究

作　　者　松浦彌太郎
譯　　者　阿　夜
責任編輯　林如峰
國際版權　吳玲緯　楊　靜
行　　銷　闕志勳　吳宇軒　余一霞
業　　務　陳美燕
副總經理　何維民
事業群總經理　謝至平
發 行 人　何飛鵬

出　　版
麥田出版
地址：115台北市南港區昆陽街16號4樓
電話：(02)2500-0888　傳真：(02)2500-1951
網站：http://www.ryefield.com.tw

發　　行
英屬蓋曼群島商家庭傳媒股份有限公司城邦分公司
地址：台北市南港區昆陽街16號8樓
網址：http://www.cite.com.tw
客服專線：(02)2500-7718; 2500-7719
24小時傳真專線：(02)2500-1990; 2500-1991
服務時間：週一至週五09:30-12:00; 13:30-17:00
劃撥帳號：19863813　戶名：書虫股份有限公司
讀者服務信箱：service@readingclub.com.tw

香港發行所
城邦（香港）出版集團有限公司
地址：香港九龍土瓜灣土瓜灣道86號順聯工業大廈6樓A室
電話：+852-2508-6231　傳真：+852-2578-9337
電郵：hkcite@biznetvigator.com

馬新發行所
城邦（馬新）出版集團【Cite(M) Sdn. Bhd.】
地址：41-3, Jalan Radin Anum, Bandar Baru Sri Petaling,
57000 Kuala Lumpur, Malaysia.
電話：+603-9056-3833　傳真：+603-9057-6622
電郵：cite@cite.com.my